LES THÉORIES DE L'APPRENTISSAGE

Quel usage pour les cadres de santé ?

CHEZ LE MÊME ÉDITEUR

Dans la même collection

LE TRAVAIL DE FIN D'ÉTUDES, par Y. HOFMANN et L. BRAY. 2000, 2e éd., 144 pages.

PRENDRE SOIN À L'HÔPITAL. Inscrire le soin infirmier dans une perspective soignante, par W. HESBEEN. 1997, 208 pages.

POUR UNE MORT PLUS HUMAINE. Expérience d'une unité de soins palliatifs, par M. ABIVEN et collaborateurs. 1997, 2e édition, 240 pages.

RÉUSSIR LE CHANGEMENT À L'HÔPITAL, par G. ARBUZ, D. DEBROSSE. Préface de B. HONORÉ. 1996, 256 pages.

LA SANTÉ EN PROJET, par B. HONORÉ. 1996, 224 pages.

DE NOVICE À EXPERT. Excellence en soins infirmiers, par P. BENNER. Traduit de l'américain par L. OVION. 1995, 264 pages.

Autres ouvrages

INFIRMIÈRES : IDENTITÉ, SPÉCIFICITÉS ET SOINS INFIRMIERS. Le bilan d'un siècle, par R. Magnon. 2001, 208 pages.

SOIGNER. Le premier art de la vie, par M.-F. COLLIÈRE, 2001, 2e éd., 440 pages.

PROMOUVOIR LA VIE. De la pratique des femmes soignantes aux soins infirmiers, par M.-F. COLLIÈRE, 1996, 392 pages.

GUIDE D'APPRENTISSAGE DE LA DÉMARCHE DE SOINS, par M. PHANEUF. 1998, 312 pages.

Bernard Donnadieu
Michèle Genthon †
Michel Vial

LES THÉORIES DE L'APPRENTISSAGE

Quel usage pour les cadres de santé ?

InterEditions MASSON

ISBN : 978-2-225-83509-4

Introduction

Cet ouvrage s'adresse à tous les professionnels qui veulent entrer en formation ou qui « suivent » une formation professionnelle. Tous ces étudiants qui à un titre ou à un autre sont décidés à apprendre à assurer une *fonction de formation* dans l'exercice de leur métier. Les enseignants, les infirmiers et plus généralement tous les acteurs de la santé et du travail social sont concernés par la réflexion que nous proposons, et notamment tous ceux qui sont ou se préparent à entrer en formation professionnelle et qui auront à *encadrer, former, éduquer,* c'est-à-dire ici[1], *construire des situations d'apprentissage.*

La polysémie du verbe « apprendre » dans la langue française témoigne de l'opacité irréductible de ce processus. « Apprendre à penser, à vivre, à mourir, apprendre à apprendre, apprendre les mathématiques, apprendre un métier, apprendre une bonne ou une mauvaise nouvelle ; apprendre de, apprendre à, apprendre que... » ; autant d'expressions qui, dans leurs usages ordinaires, renvoient à des expériences, à des situations et à des significations multiples. L'apprentissage est un processus qui accompagne et construit l'histoire des sujets individuels et des organisations. Ce processus est spécifique à chacun tout en inscrivant le sujet dans l'histoire des espèces vivantes, de groupes, des sociétés, des institutions.

Le travail de cet ouvrage va se développer à partir de l'hypothèse que nul ne peut prétendre favoriser l'apprentissage de l'autre et mettre en place les conditions pour qu'il apprenne, s'il ne cherche pas lui-même à élaborer, à construire et à expliciter une conception personnelle de l'apprentissage.

La première partie s'attache à la question du pourquoi s'intéresser aux théories de l'apprentissage. Car, après tout, on a formé pendant des lustres les cadres sans les mettre en contact avec ces

1. L'encadrement ne se réduit pas à l'exercice de la fonction formation. Dans le texte cependant, cadre et encadrement seront pris comme synonymes de formateur ou éducateur. C'est la fonction formation chez eux qui nous intéresse ici et, dans cette fonction, le rôle institutionnel de garant de l'apprentissage des autres.

textes théoriques parfois fort difficiles à lire. Nous ne sommes pas certains que tout le public *d'éducateurs (au sens large, de ceux qui portent le projet d'éduquer l'autre)* que nous visons, soit obligé de savoir que ces théories existent. Et nous le regrettons. Notre expérience du partenariat avec des Instituts de formation des cadres de santé, qui permet aux étudiants futurs cadres de prétendre simultanément au certificat cadre et à une licence des sciences de l'éducation[1], ainsi que les interventions que nous faisons ici et là auprès d'équipes de formateurs de la formation initiale en soins infirmiers, ou d'étudiants des mêmes cursus, nous ont persuadés de l'utilité de ces théories pour que l'étudiant se mette en projet d'apprentissage dès la formation et pour qu'il puisse ensuite, dans sa pratique quotidienne — que ce soit dans les Instituts de formation initiale ou dans les services à l'hôpital —, construire sciemment des dispositifs d'apprentissages étayés par une connaissance des grandes orientations de la recherche en apprentissage. Cette première partie pose donc la question de *la culture* du formateur, de celui qui doit assurer cette fonction formation, que ce soit dans la formation initiale, continue ou dans un service.

La seconde partie brosse à grands traits un panorama de ces théories de l'apprentissage. Ce n'est pas l'exposé dans le détail de chacune des théories de l'apprentissage dans une sorte de revue exhaustive de la question telle qu'elle a évolué dans et par la recherche. D'une part, il existe déjà d'excellents ouvrages qui assurent cette présentation (voir bibliographie)[2], d'autre part il nous semble que c'est avec leurs formateurs que les étudiants doivent travailler les textes principaux : nous voulons ici leur permettre de s'y introduire. Il est donc simplement proposé quelques *repères* dans les approches à partir de différents courants qui contribuent à la compréhension de l'apprentissage. Chacun à leur manière, ils apportent des éléments particuliers d'éclairage, d'explication mais ils comportent tous des insuffisances : ces limites serviront de support à la formulation de quelques perspectives et surtout suscite-

1. Dans le département des sciences de l'éducation de l'université de Provence.
2. Pour une approche panoramique des théories de l'Apprendre, on peut parmi une abondante littérature consulter les ouvrages suivants :
Berbaum J., *Apprentissage et formation*. PUF, collection *Que sais-je ?*, Paris, 1984.
Goupil G., Lusignan G., *Apprentissage et enseignement en milieu scolaire.* Gaétan Morin, Montréal, 1993.
« Éduquer et former ». *Sciences humaines*, n° 12, hors série, février-mars 1996.

ront les questionnements qui devraient favoriser chez le lecteur une distance critique pour qu'il s'approprie les savoirs théoriques.

La troisième partie veut favoriser ce travail d'appropriation. Elle s'adresse directement au lecteur, qu'elle essaie d'interpeller dans le vécu de sa formation, en interrogeant sa situation de cadre en formation qui doit apprendre… à faire apprendre! La notion qui nous a paru centrale est celle de *projet d'apprentissage.* Se « mettre en projet », se donner un projet, se professionnaliser ne va pas de soi. Nous avons voulu par nos questions permettre au futur cadre de commencer à réfléchir à sa *posture,* de prendre en quelque sorte position dans la formation en mettant les chances de son côté.

Il s'agit bien, dans cet ouvrage, d'une invite à la recherche, à la réflexion, au questionnement toujours inachevé sur un processus qu'aucune théorie, qu'aucun modèle, qu'aucune « science », qu'aucun savoir ne peut prétendre éclairer définitivement et complètement. Pour le formateur, l'enseignant, l'éducateur, le cadre, élaborer une conception de l'apprentissage humain, c'est questionner ce processus à partir de plusieurs points de vue :

– Point de vue du professionnel de *l'éducation (qu'on évitera de réduire à la « transmission de savoirs »)* impliqué dans des situations et des institutions dans lesquelles quelqu'un apprend; c'est le point de vue pragmatique, qui prend en considération le sens commun, les idées toutes faites, les allant-de-soi, les évidences.

– Point de vue des théories explicatives issues des disciplines qui se réclament des sciences de la nature ou des sciences humaines, sociales et historiques, c'est le point de vue du chercheur qui prend en considération les champs de connaissances constitués.

– Point de vue du sujet, de la personne qui comprend son propre apprentissage par un retour réflexif sur sa propre histoire, sa propre expérience d'apprenant. C'est le point de vue autoréférencé du sujet sur lui-même, auto-évaluatif.

Nous essaierons de montrer en quoi le point de vue de la théorie, enrichit, complète les deux autres et permet au sujet d'élaborer, d'évaluer, de rendre intelligible, *d'habiter un projet d'éducation.*

Remerciements

Nous remercions Odile Thuilier pour son amicale collaboration.

Sommaire

I

S'INTÉRESSER AUX THÉORIES DE L'APPRENTISSAGE

1

La culture du cadre

DU SENS COMMUN À LA THÉORIE[*1]

Chacun a une idée, une opinion constituée sur ce qu'est apprendre et sur comment on apprend. Cette opinion, assez souvent définitive dans son expression, doit certainement beaucoup à l'expérience individuelle. Elle s'inscrit profondément dans l'histoire de son itinéraire, elle dépend de ce qu'on a vécu. Elle est fortement marquée du sceau des réussites et des échecs de chacun. Elle est aussi empreinte de déterminations inconscientes ou peu conscientes, de réminiscences vagues en rapport avec des expériences tantôt douloureuses, tantôt fécondes et jubilatoires d'apprenant dans le système scolaire. Elle fait revivre au présent nos premières hésitations, nos tout premiers pas dans l'apprentissage, du métier par exemple. Imaginaire, mythe, souvenir écran, inscrivent ces conceptions au creux de la nostalgie du temps perdu et du temps retrouvé.

Chacun de nous ne porte-t-il pas en lui la figure idéalisée du maître unique et charismatique qui détermine sa conception et son opinion sur ce qu'est apprendre et sur les conditions nécessaires à l'apprentissage ? Cette figure du maître détenteur du savoir et donc du pouvoir peut servir de modèle pour le cadre, y compris sans qu'il le sache.

Chacun, en référence au vécu scolaire auquel nul n'a échappé, pense détenir des principes de la « bonne » méthode qui permettrait à coup sûr d'apprendre à l'autre. La légitimité d'une conception de l'apprentissage serait alors affaire de « bons sens », en fait elle se tisse avec des idées reçues du sens commun et issues de notre

1. Le signe (*) renvoie à la définition des concepts dans le lexique en fin d'ouvrage (p. 123).

« vécu d'écolier ». Croire, par exemple, que l'enseignement ou la formation dépend davantage de dispositions « naturelles », d'un art « d'enseigner » que de compétences professionnelles construites dans et par la formation est à rapprocher de la croyance commune en des « dons naturels » qui voudrait que la capacité d'apprendre soit essentiellement déterminée par des compétences innées. Cette confusion entre dons et compétences est en œuvre dans l'expression ordinaire, courante : *« apprendre quelque chose à quelqu'un », « le maître apprend à l'élève à lire »*. Or, il suffit de réfléchir un tant soit peu pour s'apercevoir que c'est l'élève qui apprend et que le maître, lui, enseigne, forme, éduque. Et le moment, le temps où l'un apprend n'est pas forcément celui où l'autre enseigne : l'apprentissage n'est pas le résultat automatique, l'effet direct de l'enseignement. Le sens commun ici confond deux processus : apprendre et enseigner qu'on peut aussi désigner par apprendre et former, apprendre et éduquer, apprendre et encadrer. Ces deux « mouvements de l'être », ce sont la recherche, le travail sur les concepts et les théories qui permettent de les distinguer radicalement mais aussi de les articuler en questionnant leur influence réciproque. La théorie permet de se dégager du sens commun, des idées toutes faites. Les théories de l'apprentissage permettent de relativiser l'importance du détenteur du savoir sur celui qui doit l'apprendre. Décider que l'autre va apprendre n'est pas attendre que cela soit. On ne maîtrise pas l'apprentissage.

Cependant, le sens commun *intéresse* la recherche comme départ dans lequel viennent puiser les théories pour définir leurs questionnements et élaborer des conceptions qui, sans prétendre dire le vrai, permettent de sortir de la confusion. Théoriser, élaborer une théorie de l'apprentissage, c'est *« expliquer davantage et comprendre mieux »*.

Loin de disqualifier l'expérience dans la compréhension de ce qu'est apprendre, nous prétendons que la seule référence à l'expérience vécue pour justifier une conception de l'apprentissage ne peut construire que « des allant-de-soi » — des idées toutes faites, des évidences — si elles ne rencontrent pas les théories que la recherche en sciences humaines et celle en sciences de l'éducation en particulier ont élaborées pour proposer une compréhension provisoire et toujours en question de ce qu'est apprendre.

Les théories de l'apprentissage intéressent alors les futurs professionnels de la formation, de l'éducation, de l'enseignement et de l'encadrement. Mais que peuvent-ils en faire, comment ces théories servent-elles la professionnalisation par la formation ?

L'élucidation de cette question accompagne la connaissance de ces théories. Après tout, les praticiens ne pourraient-ils faire l'économie de la théorie pour apprendre leur métier ? La signification originelle de la notion « d'apprentissage », dans notre contexte socio-historique, c'est l'initiation *aux gestes* du métier dans la durée de l'expérience pratique. Et il reste vrai que, si la théorie est nécessaire à la professionnalisation des métiers, elle ne peut remplacer par avance l'expérience du métier. Le point de vue de la théorie n'annule pas celui du sujet, ni celui du sens commun ; elle y introduit une perspective critique vers plus d'intelligence des pratiques. Le questionnement du professionnel est *étayé* par la connaissance des théories. Connaître les théories, c'est se donner une *culture* utile pour continuer à se professionnaliser. *Le bon professionnel* aujourd'hui n'est pas tant celui qui aurait les bonnes réponses aux problèmes de la pratique, c'est celui qui se pose et qui pose à ceux avec qui il travaille de bonnes questions. La théorie permet ce questionnement.

LES THÉORIES ENRICHISSENT LA CULTURE DU PRATICIEN

Concevoir l'apprentissage, en avoir une idée un peu construite et communicable, c'est nécessairement se référer à des théories qui contribuent à éclairer ce processus* par lequel un sujet, une personne, un humain apprend. Ces théories qui portent sur l'Apprendre ont été faites pour exhiber des *lois,* des mécanismes qui décrivent, et donc veulent permettre de prévoir le comportement, l'activité du sujet qui est en train d'apprendre.

S'intéresser aux théories de l'apprentissage, c'est élargir la conception qu'on se donne de soi comme cadre. Il paraît essentiel que tout éducateur possède une bonne culture sur les théories de l'apprentissage : elles sont un des éléments de son référent* professionnel. Elles constituent un bagage culturel, un savoir qu'il est bon qu'il possède, notamment pour ne pas être victime *des idées toutes faites* que donne le « sens commun ».

Les théories de l'apprentissage sont bien un élément de culture, c'est-à-dire quelque chose de relativement externe, d'existant en dehors de soi, un savoir presque objectif ou qui se présente comme objectivable. A ce titre, elles demandent un effort particulier, elles ne parlent pas directement de l'expérience. Les théories aident à mieux comprendre un phénomène, un processus à partir d'un point de vue disciplinaire, toujours partiel, celui de la psychologie, de la sociologie, de l'histoire par exemple. *Les théories n'ont pas d'application directe dans une pratique* mais elles contribuent à faire que cette pratique, cette façon d'exercer un métier, soit plus lucide et puisse être argumentée ou questionnée.

LA THÉORIE NE DIT PAS LE VRAI

Les recherches sur l'apprentissage ont une histoire. Elles ont produit des écoles, des courants. Elles ont constitué un ensemble d'informations, de savoirs. Mais ces savoirs ne sont pas vrais. On mesure aujourd'hui la fragilité et la relativité du lien entre information et vérité. Les théories attestent, proposent des représentations probables, possibles ou plausibles, des modélisations plus ou moins puissantes pour comprendre les mécanismes et les lois de l'apprendre. *En aucun cas, elles ne disent le vrai, le définitivement sûr, l'absolument certain sur la façon dont un sujet, un organisme ou une organisation apprend.*

Certains pensent, avec Popper, que ce qui fait la scientificité d'une théorie est qu'elle contient les moyens de sa propre falsifiabilité, qu'on peut à partir d'elle inventer une autre théorie qui la contredira [1]. Mais tous les scientifiques ne sont pas d'accord sur les critères de scientificité. On constate qu'une théorie court toujours le risque, si elle n'évolue pas, si elle devient une prescription pour l'action, de se transformer en dogme. Le sens commun tend à la présenter comme une vérité universelle qui prétend prescrire et contrôler les pratiques indépendamment des situations, des contextes historiques et politiques.

De là l'idée à laquelle nous revenons que les théories sont toujours une production de l'esprit humain, elles obéissent aux modes et aux idées dominantes du moment dans les communautés, les cercles scientifiques, les institutions, les contextes historiques qui en font des œuvres « biodégradables » [2].

LA THÉORIE NE DICTE PAS LES PRATIQUES

Le cadre peut toujours fonctionner à partir d'idées toutes faites sur ce qu'est apprendre. Mais il peut aussi essayer de repérer dans le labyrinthe des théories de l'apprentissage celles qui peuvent enrichir et éclairer son expérience. *Une théorie ne vaut pas plus qu'une autre, elle ne sert pas à faire prévaloir un point de vue sur un autre concernant la façon dont on apprend, elle doit permettre à l'observateur de penser autrement, de faire en sorte que le phénomène signifie davantage. Une théorie n'a pas pour fonction de fournir les recettes pour que l'autre apprenne plus efficacement.*

La difficulté peut venir du fait que, d'une part le savoir théorique, la référence à des modèles construits par la théorie sont nécessaires aux cadres, et d'autre part ces mêmes théories ne fournissent pas (du moins pas directement) les moyens, les outils, les méthodes, les dispositifs *ad hoc* grâce auxquels ces praticiens vont « faire apprendre ». C'est bien que le lien de la théorie à la pratique n'est pas de l'ordre de la causalité linéaire ; la seconde n'étant pas une application directement déduite de la première. Ainsi, le modèle de la psychogenèse des connaissances, tel que Piaget l'élabore et le propose, ne contient aucune préconisation concernant les bonnes pratiques d'éducation, de formation ou d'encadrement. Ces pratiques resteront toujours empreintes de l'ingéniosité adaptative et inventive, de la faculté de « bricoler » dans les situations évolutives.

Cependant la pratique ne vaut que dans l'intelligence de l'action. Par intelligence, nous entendons bien la faculté d'agir lucidement en ayant recours à des modèles explicatifs de cette action. De ce fait, les théories participent de la compréhension et de l'évaluation des situations et non directement de leur maîtrise qui découlerait de façon magique des méthodes, des dispositifs, des outils que la théorie aurait préconstruits et quasiment imposés. *Les théories de l'apprendre ne sont pas faites pour être appliquées dans la pratique, elles fournissent au praticien un mode d'intelligibilité de son action et une possibilité de l'évaluation de celle-ci.*

L'APPRENDRE, DE LA BIOLOGIE À L'ANTHROPOLOGIE

Il n'est pas possible de comprendre l'apprentissage sans se poser la question du « qui » apprend. De quel point de vue regarde-t-on le sujet humain, vivant qui apprend ? Les théories de l'apprendre s'intéressent aux mécanismes, aux interactions fonctionnelles des systèmes capables d'apprendre. Elles étudient les fonctionnements psychiques, mentaux de l'organisme apprenant. Les théories de l'apprendre ont un ancrage dans l'un des champs disciplinaires des sciences humaines : psychologie, biologie, sociologie, neurosciences, sciences de la cognition* en général.

L'apprentissage caractérise le vivant. Généralement, tout système en évolution, tout organisme vif, change en s'adaptant et donc apprend parce qu'il est capable de s'informer par l'expérience pour se transformer. Les théories de l'apprendre vont alors s'intéresser à l'organisme vivant pour autant qu'il change et s'adapte. Ces théories biologiques veulent exhiber des lois et des mécanismes explicatifs de ces phénomènes caractéristiques du vivant. Ainsi la vie et l'évolution de tout organisme sont entièrement déterminées par sa faculté d'apprendre. La plante est vivante parce qu'elle apprend, parce qu'on peut considérer que le processus de la photosynthèse est un mode de traitement de l'information. Il est donc possible d'étudier et d'expliquer les phénomènes, lois, mécanismes de l'apprendre avec le point de vue du biologiste qui étudie le fonctionnement de l'organisme vivant.

Apprendre est ici un processus caractérisant le vivant et nécessaire à sa conservation et à sa reproduction.

Dans la recherche, la référence au biologique à travers le vivant propose des explications du processus de «*l'apprendre*», mais elle n'épuise pas l'intelligence réflexive de l'Homme sur ses apprentissages. Car seul l'Homme peut se comprendre en train d'apprendre et en tant qu'être qui apprend : *seul l'humain se sait apprenant.* Il peut donc orienter, prévoir, modifier l'orientation, évaluer les objets, les conditions, les projets de son propre apprentissage. Cette capacité spécifique d'organiser ses apprentissages est pour l'Homme une production de l'imaginaire individuel et collectif lié autant à sa mémoire historique, à sa compétence langagière et narrative qu'à sa capacité de s'expliquer et de se comprendre comme organisme vivant parmi d'autres organismes. La compréhension de l'apprentissage ne peut pas se passer du point de vue anthropologique.

Les recherches sur l'apprentissage tout en prenant en considération les modélisations biologistes questionnent l'humain apprenant comme «animal social», comme sujet inscrit dans des situations, dans des contextes historiques, culturels et politiques et comme sujet créateur d'histoires, d'institutions, d'œuvres, d'objets à apprendre. La nécessité d'apprendre les mathématiques ou la philosophie n'est commandée par aucune exigence de reproduction ou de conservation de l'espèce humaine dans son écosystème. Elle fait partie de l'activité créatrice de l'Homme comme individu social et historique.

Ainsi entendu, l'apprentissage est bien un objet des sciences de l'éducation. Celles-ci sont nécessairement plurielles en ce qu'elles font référence à l'ensemble des théories préalablement citées. Elles abordent la question de l'apprentissage, non en additionnant les savoirs de chacune des disciplines, mais en les convoquant pour comprendre l'apprentissage en situation, dans son contexte social, historique et institutionnel. De l'explication du mécanisme d'acquisition, on passe à la compréhension de l'élaboration de la connaissance.

CONNAÎTRE, EST-CE APPRENDRE ?

L'une des questions que nous posent ces théories est la suivante : y a-t-il équivalence entre apprendre et connaître, ou quels rapports peut-on établir entre le développement cognitif (c'est-à-dire la construction de la faculté de constituer des connaissances) et l'apprentissage humain ?

Le langage commun, tout comme l'étymologie, nous incite à envisager l'action de connaître comme constitution de savoirs par le sujet (connaître, c'est étymologiquement « naître avec »). Or, toute connaissance ne procède pas d'un apprentissage délibéré, institutionnellement organisé. *Connaître* son voisin parce qu'on l'a une fois rencontré dans la rue, c'est tout au plus pouvoir le reconnaître à l'occasion mais aussi suivant les circonstances s'engager à *apprendre* à mieux le connaître. Ici, la connaissance n'a pas la même signification que dans l'expression *connaître la musique après l'avoir apprise*. Cependant, dans ces deux exemples, la connaissance porte toujours « la marque » du sujet connaissant et « la trace » du processus d'apprentissage. *La connaissance précède l'apprentissage et elle en est aussi le résultat.* L'apprentissage couvre un faisceau de processus : l'abstraction, la perception, la mémorisation, l'élaboration, la transformation, la restitution, l'utilisation, l'explication, la compréhension, l'interprétation de savoirs. Ces processus doivent alors être mis en rapport avec les situations et les conditions historiques, contextuelles, institutionnelles dans lesquelles on apprend. Ils sont pris dans des situations construites dans les pratiques socialement organisées par l'enseignement, la formation, l'encadrement… : l'éducation.

Apprendre « c'est prendre avec soi », ce qui suppose une *appropriation* de savoirs découverts comme s'ils étaient posés à l'extérieur de soi et qui sont transformés dès qu'ils sont appris. Ce n'est pas simplement intérioriser des savoirs objectifs.

« Connaître », « savoir » et « apprendre » ne sont pas des synonymes mais des concepts mis en lien par les théories. La connaissance est l'expérience d'un savoir approprié, c'est-à-dire transformé par le sujet, ce qui le constitue comme personne car ce qui est appris s'inscrit dans la durée et laisse trace même dans l'oubli du savoir. *L'apprentissage peut alors se définir comme processus par lequel un sujet transforme des savoirs en connaissance.*

DES MÉCANISMES DE L'APPRENDRE À L'APPRENTISSAGE

La recherche sur l'apprentissage comme phénomène humain est confrontée à l'opposition dynamique, à la dialectique* entre « expliquer et comprendre » qui alimente notre question de départ : à quoi servent les théories ?

Les théories permettent sans doute « d'expliquer davantage » en décrivant et en énonçant des lois provisoires et locales de l'Apprendre ce qui contribue à une meilleure compréhension de l'apprentissage. Mais encore faut-il distinguer expliquer et comprendre pour percevoir en quoi la formation professionnelle suppose une relation originale entre explication et compréhension.

Une fois encore, l'étymologie viendra ici à notre aide à partir de la racine latine *plicare* (plier) contenue dans le terme « expliquer ».

Expliquer un phénomène, c'est en « déplier » toutes ses composantes pour avoir accès aux mécanismes de son fonctionnement et pour prévoir son devenir. L'explication relève de l'analyse, elle vise la mise à plat, la transparence des phénomènes. Ainsi le futur infirmier peut exécuter tel ou tel soin correspondant à telle pathologie s'il peut faire référence à des modèles de l'étiologie, de l'évolution de la maladie, du diagnostic. Il sera capable d'expliquer chacun de ces actes comme une cause produisant un effet recherché, si possible bénéfique au patient. Dans l'explication, les outils conceptuels et méthodologiques visent à garantir l'objectivité des savoirs dévoilés qui sont alors communicables et généralisables. L'explication par la théorie, si elle peut contribuer à la compréhension, n'en tient pas lieu car *comprendre* c'est « prendre avec soi », s'approprier des significations pour agir. Les significations produites par la compréhension sont relatives au sujet. Elles portent la trace de son histoire, de son expérience, de ses investissements psychiques et affectifs conscients ou non, de ses appartenances sociales, de son statut. En somme, comprendre un phénomène ou un processus, c'est toujours aussi *se comprendre* devant et avec celui-ci, comme *plié avec*. La compréhension est une démarche qui prend en compte *l'implication* du sujet* dans les situations [4], le sujet est *pris* dans les plis de l'objet, il y tient par le seul fait qu'il est humain. Comprendre, c'est prendre en considération les liens qui me tissent au monde.

La recherche a produit des théories de l'Apprendre en général, qui sont nécessaires mais non suffisantes pour comprendre l'apprentissage qui, lui, est toujours aussi singulier — tout en étant institutionnel. Ces théories (psychologiques ou biologiques) modélisent les mécanismes et les lois d'acquisition. Elles expliquent certaines dimensions du processus de l'apprendre et contribuent seulement pour une part à la compréhension de l'apprentissage. En effet, si l'apprendre est un processus de l'individu, l'apprentissage s'organise, lui, entre des personnes, dans un contexte, dans des institutions, dans des situations historiquement, politiquement et socialement structurées. Comprendre l'apprentissage, c'est établir des liens entre les explications du mécanisme individuel d'acquisition et les situations institutionnelles dans lesquelles un sujet humain (toujours particulier) transforme *par son projet* le savoir en connaissance.

Si la psychologie, la neurologie, la biologie et divers champs disciplinaires peuvent prendre en charge la question de l'apprendre et la constitution de modèles explicatifs, l'intelligibilité du processus de l'apprentissage humain reste un questionnement sur l'éducation comme pratique sociale instituée. Les sciences de l'éducation contribuent à l'intelligibilité de l'apprentissage parce qu'elles interrogent les théories explicatives de l'apprendre pour mieux comprendre en quoi des pratiques sociales comme l'enseignement, la formation, l'encadrement d'une équipe interviennent dans l'apprentissage.

Si les théories ont quelque utilité pour les formateurs et les éducateurs, ce n'est pas parce qu'elles dessinent et préconisent les bonnes pratiques, mais parce qu'elles contribuent à la lucidité du formé et du formateur relative à *son projet professionnel*, ce en vue de quoi et au nom de quoi il enseigne, encadre, forme et apprend.

2

Quelques notions et concepts en lien avec l'apprentissage

Pour montrer en quoi les théories de l'apprendre facilitent pour le cadre en formation la compréhension des processus d'apprentissage, nous allons recenser les questions que la théorie peut poser à propos de ce processus et donc explorer des concepts, des notions qui se donnent le plus souvent comme reliées à l'apprentissage. En d'autres termes, à partir des théories, que peut-on comprendre des liens entre le processus d'apprentissage et les modèles de la recherche, de la connaissance, des savoirs, de l'action, du changement ?

APPRENTISSAGE : OBJET ET SUJET

Les recherches en psychologie qui se sont emparées de la question de l'apprendre ont cherché à mettre à jour les procédures, les lois, les mécanismes de constitution de la connaissance par le sujet. C'est cette branche de la psychologie que l'on a appelée psychologie cognitive*.

Le sens commun considère que l'apprentissage est un moyen de la connaissance : « j'apprends pour avoir des connaissances ou pour pouvoir connaître. » *Les théories du développement cognitif* vont mettre en question cette vision mécaniste du rapport de cause à effet entre apprendre et connaître et vont soumettre à la question le concept de connaissance. Quel est le statut de la connaissance, d'où et comment vient-elle à l'homme et à l'humanité, l'homme entendu comme sujet individuel ou comme collectif ? Dans le premier cas, il sera question de développement cognitif et d'apprentissage, dans le second de d'épistémologie et de recherche scientifique. En quoi la question du lien entre l'apprentissage et la connaissance recoupe des préoccupations propres à l'épistémologie, discipline qui travaille la question de la nature, du statut, de l'histoire de la constitution de la connaissance par la recherche scientifique ? Y a-t-il des articulations possibles entre le processus d'apprentissage et celui de la recherche, si bien que l'un puisse éclairer l'autre à partir du statut donné à la connaissance, au savoir ?

Expliquer « l'apprendre », c'est questionner « le connaître », c'est élaborer une conception de la connaissance et donc s'interroger sur sa *posture épistémologique* : qu'est-ce, pour moi, « connaître », qu'est-ce qui est objet de connaissance et comment avoir accès à cet objet ?

La réponse n'est bien sûr pas univoque. Dès lors que l'on essaie de définir ce qu'est connaître et la nature de la connaissance, on convoque de multiples entrées possibles, on ne peut seulement s'intéresser *aux lois de l'apprendre*.

La connaissance, ce peut être la perception de la réalité, la représentation de celle-ci, ou la sagesse, la lucidité, l'intelligence, la conscience. La connaissance peut procéder de l'expérience ou de la conceptualisation, de l'information, de la maîtrise ou de l'intuition, ou de la mémoire. La connaissance se dérobe dès que nous voulons la connaître. Elle n'est peut-être que ce potentiel de questionnement, d'interrogations possibles et réalisables, toujours réponse provisoire. Approcher la connaissance de la connaissance, c'est travailler le lien que l'objet à connaître entretient avec le sujet connaissant.

Plusieurs points de vue sont alors possibles qui correspondent à des épistémologies distinctes, voire même antagonistes.

Trois positions sont repérables :

1. La connaissance est un savoir qui est contenu dans le monde et les objets du monde ; connaître c'est alors dévoiler des significations. L'objet à connaître est extérieur au sujet connaissant.

2. La connaissance est « dans la tête du sujet » qui construit des savoirs sur le monde, connaître c'est ici construire des significations. L'objet à connaître est alors une construction du sujet connaissant, le chercheur scientifique ne découvre pas son objet, il le construit.

3. La connaissance est dans les interactions entre le sujet et le monde ; connaître, c'est élaborer des significations en agissant.

Sur l'origine de la connaissance, voilà trois propositions qui se fondent sur des épistémologies différentes : elles ont un rapport avec *l'empirisme, le constructivisme, l'interactionnisme.*

Ces postures épistémologiques orientent toute pratique de recherche et en particulier les recherches concernant l'apprentissage. La relation sujet-objet est une question à se poser lorsqu'on veut se repérer dans les théories. Reprenons ces trois écoles.

Apprendre c'est établir une relation entre le sujet connaissant et l'objet à connaître.

Premier cas : l'objet à connaître est extérieur au sujet

Le savoir est dans l'environnement, dans le monde et dans les objets qui le peuplent. Connaître, c'est alors percevoir et décrire les mécanismes et les lois qui régissent le fonctionnement et le devenir de ce monde. Ici les connaissances sont des savoirs disponibles dans l'environnement que le sujet intègre. Connaître, c'est reproduire, faire une copie du milieu. Cette approche empiriste du connaître sera critiquée par Jean Piaget qui récuse que toute connaissance ne soit due qu'à nos seules perceptions du monde et des objets du monde [4].

L'accès à la connaissance suppose une séparation de l'objet à connaître et du sujet connaissant. Dans la recherche scientifique, les méthodologies expérimentales se réfèrent à cette épistémologie. Le critère privilégié par ce type de recherche est l'objectivité. Cette objectivité est garantie par des plans expérimentaux et des outils de traitement qui restent au plus près du fait avéré. Il s'agit d'éviter la part d'interprétation subjective du chercheur. Connaître, c'est dévoiler le savoir qui était caché, inaccessible à la perception directe et que l'expérimentation rend visible. Cette méthode conforte l'idée que les savoirs disponibles puissent être *transmis* et restitués par l'apprenant sans altération et puissent constituer son capital de connaissances.

Second cas : l'objet à connaître est construit par le sujet

La connaissance est une construction qui procède de l'activité du sujet tout au long de son développement, dans un environnement.

Ce qui se construit, ce sont des structures *mentales*, internes au sujet qui lui permettent d'appréhender le monde et ses objets. La connaissance est alors fonction du développement lui-même, elle dépend de l'action du sujet sur les « objets ». On peut rattacher cette conception de la psychogenèse de la connaissance caractéristique de l'œuvre de J. Piaget aux épistémologies constructivistes [5].

Troisième cas : l'objet construit le sujet qui le construit

Les connaissances sont ici des savoirs construits par les sujets *agissant dans leur environnement.* L'apprentissage s'inscrit alors dans une dynamique dont la dimension temporelle, l'idée de la durée sont fondamentales. La connaissance est toujours de l'ordre d'un savoir approprié, transformé, évolutif, qui construit le sujet autant qu'il est construit par celui-ci. C'est l'interactionnisme qui n'est plus pensable dans un simple rapport déterministe.

De ces trois conceptions du lien objet-sujet dans le procès de connaissance, nous pourrions, de façon schématique, poser que les connaissances sont transmises au sujet ou construites par des représentations, ou le résultat d'une interaction entre lui et son environnement.

Ces trois approches nous incitent à distinguer savoir et connaissance. Dans la première, la connaissance est le savoir assimilé tel qu'il est présent dans les objets du monde ; dans la seconde, la connaissance est la construction des structures mentales, à partir de l'action sur ces objets, laquelle action permet de savoir ; et enfin dans la dernière, la connaissance est la transformation des savoirs dans un processus d'appropriation en action qui les transforme pour en faire la référence propre à la personne.

APPRENTISSAGE : SAVOIR ET CONNAISSANCE

Savoir ne suffit pas pour connaître si on désigne par savoir la capacité qu'un individu a acquis de désigner, de discriminer, de décrire des objets extérieurs à lui et par connaissance l'appropriation des savoirs. *L'apprentissage ne peut plus être assimilé à un stockage de savoirs transmis.* Le processus d'apprentissage commence quand ces savoirs sont *incarnés*, quand le sujet ou plutôt la personne est capable d'agir sur et avec ce savoir, dès que la personne, par son projet, les *habite*. L'apprentissage est alors appropriation, c'est-à-dire transformation du savoir *et de la personne qui sait.*

« Je ne sais que ce que je suis et je ne suis qu'en connaissant », voilà une formule qui situe bien l'apprentissage comme un *processus de changement* dans une interaction entre la personne et le savoir, *une récursivité où ce qui génère l'un des éléments est aussi, en même temps, ce qui génère l'autre* [6].

Il en résulte que *seul le sujet apprend et qu'aucun éducateur n'a jamais rien appris à personne*. Je « vais t'apprendre quelque chose » signifie : « je vais mettre en place les conditions pour que tu apprennes ce que je souhaite pour toi, de façon que ton comportement soit adapté, conforme à la norme que je te pose. » Cependant, si l'éducateur se tient légitimement pour garant de l'apprentissage de l'autre, il ne le maîtrise pas pour autant. L'injonction voire la menace, l'entraînement, la répétition peuvent faire partie de ces conditions à mettre en place pour que l'autre apprenne. Ce sont des *renforcements* qui relèvent de *la théorie du conditionnement* et qui veulent que les savoirs acquis soient disponibles de façon pérenne, durable, pour le sujet agissant. De ce point de vue, il semblerait *qu'il n'est aucun apprentissage sans une forme de conditionnement* mais celui-ci ne garantit en rien que l'apprentissage ait eu lieu, du point de vue de l'appropriation : le savoir acquis n'est pas forcément appris !

Si l'apprentissage est un processus non maîtrisable ni par l'éducateur ni par le cadre, les théories interrogent cependant les actes que le sujet effectue sur et avec les savoirs lorsqu'il apprend. Une fois encore, la langue ordinaire nous donne de précieuses informations sur les actions, les opérations qu'effectue le sujet apprenant dans ses rapports au savoir.

APPRENTISSAGE : CHANGEMENT ET ALTÉRATION

L'apprentissage peut donc se définir à la fois par l'explication du processus d'acquisition et par son résultat. Les mécanismes qui régissent les processus de l'apprendre sont indiqués par des verbes d'action : construire, acquérir, assimiler, intégrer, s'approprier, transformer… qui ont pour objets les savoirs.

Apprendre serait « intégrer des savoirs dont l'accumulation constitue le capital de connaissances du sujet ». Cette expression connote plutôt une passivité du sujet qui reçoit les savoirs sans les transformer et sans en être altéré, changé. Intégrer des savoirs n'est pas suffisant pour parler d'apprentissage, encore faut-il qu'on fasse quelque chose de ces savoirs, qu'on se construise avec, dans une familiarité personnelle. L'intégration qui s'évalue par la possibilité de restitution — à l'école, réciter sa leçon— ne garantit pas qu'il y ait eu apprentissage. Pour qu'il y ait apprentissage, encore faut-il que ces savoirs se traduisent dans l'action du sujet et dans la compréhension de son action. Si l'intégration du savoir est en jeu dans l'apprentissage, on ne pourra dire qu'il y a eu apprentissage que si le sujet est en mesure d'utiliser ses savoirs pour agir et pour comprendre (résultat).

Apprendre serait « acquérir des savoirs qui s'additionnent pour constituer un capital de connaissances et de compétences ». On retrouve dans cette expression une certaine passivité du sujet mais avec l'idée d'accumulation, de compilation, de computation. Il est entendu qu'il faut bien sûr savoir que la chose existe pour en faire un de ces éléments avec lesquels on organise son travail. L'apprentissage de tels ou tels contenus de formation nécessite bien qu'on les acquière, qu'on les « retienne », qu'on les distingue et les situe les uns par rapport aux autres, dans leur contexte. De même il faut bien acquérir la technique pour tenir un geste professionnel mais *ce geste n'est jamais la reproduction à l'identique d'un prototype*. Alors les savoirs acquis seront aussi des savoirs interprétés. L'acquisition, l'intégration des données est nécessaire mais ne sert qu'à instrumenter l'appropriation personnelle qu'on en fait, inéluctablement. Le savoir acquis est combiné avec d'autres savoirs et personnalisé, adapté à ce qu'on fait, à la façon qu'on a de faire, il est compris. Le savoir qu'on s'est alors approprié est transformé, modifié, altéré ; il devient une part de soi. Vivant, il évolue avec soi, avec *le projet qu'on habite* et qu'il permet de réaliser. L'apprentissage n'est pas la simple acquisition.

Apprendre serait « élaborer des connaissances à partir des savoirs ». Cette conception de l'activité du sujet apprenant renvoie à l'idée de *travail* où les processus de transformation du matériau de base ne sont pas étrangers au processus de l'apprendre. Le savoir est un matériau au service d'objectifs qui le dépassent. Il s'inscrit dans un projet plus vaste de connaissance. Il est une brique, un matériau qui participe au chantier de la construction des connaissances. Se confronter aux savoirs, élaborer des connaissances ou constituer des compétences, c'est accepter que le savoir déstabilise pour engager une possible reconstruction. Le sujet reconsidère la planification du chantier parce qu'il découvre de nouveaux matériaux. Élaborer des connaissances n'est pas seulement maîtriser tous les savoirs, ni les avoir à sa disposition. L'élaboration nécessite *un projet par lequel le sujet va jouer et se jouer du savoir.* Le savoir acquis travaille et fait travailler le projet : il peut déstabiliser et relativiser les certitudes, les croyances. Les savoirs sont à travailler, c'est-à-dire que les savoirs ne font pas à eux seuls la connaissance. L'apprentissage n'est pas la simple acquisition, ni seulement l'accumulation des savoirs. L'apprentissage est appropriation du savoir, travail au corps et au cœur des savoirs.

Apprendre est « s'approprier des savoirs pour les transformer en connaissances mettant en jeu la personne ». Ici, le savoir subit un destin singulier : il est possédé mais il possède, il est transformé et transforme celui qui s'en empare. Dans cette perspective, quand j'apprends, les contenus s'installent en moi et, ce faisant, ils se transforment et me transforment en même temps. L'appropriation d'un savoir suppose *un jeu* entre la mise à distance et l'implication. Tout comme pour comprendre quelqu'un, je me mets en face de lui, je prends mes distances mais dans le même temps ce quelqu'un est déjà un autre en moi-même : s'approprier, c'est accepter l'altération*, accepter que l'autre me change et m'enrichisse parce qu'il me perturbe, par sa différence. Alors l'apprentissage, c'est comprendre des objets, des événements, des phénomènes, des personnes et *se comprendre avec.* L'appropriation est un processus *complexe* qui n'a lieu qu'en se donnant les moyens de mise en distance de l'objet par le questionnement.

APPRENTISSAGE : COMPORTEMENT ET CONSTRUCTION DE SOI

Connaître, c'est construire et se construire. Il ne suffit pas de connaître pour apprendre, encore faut-il que ces connaissances *s'actualisent* dans des comportements individuels et collectifs qui montrent que l'on a appris. Apprendre, c'est bien sûr construire des connaissances mais également constituer des compétences, « des manières de faire et de prendre les choses » qui vont se voir dans les gestes professionnels conduits, donc hors de la formation, dans des situations nouvelles. Nous dirons qu'il y a apprentissage lorsque le comportement du sujet qui a appris n'est plus dépendant de la situation d'utilisation de ses savoirs, autrement dit, lorsque les savoirs appris sont disponibles en permanence pour agir sur le monde, sans que la personne n'ait à refaire le chemin de leur acquisition à chaque fois.

Comprendre l'apprentissage, c'est comprendre le processus de la connaissance, *les théories cognitivistes** nous y aident mais c'est aussi comprendre comment le sujet utilise ses connaissances.

À la question de l'Apprendre, les théories cognitivistes et les théories comportementalistes n'apportent pas des éclairages seulement contradictoires mais aussi complémentaires. Ces deux points de vue rattachés respectivement au constructivisme et au behaviorisme apportent des propositions qui semblent contradictoires pour expliquer l'apprendre. Mais si les réponses sont différentes, n'est-ce point parce qu'elles sont réponses à des questions différentes ? Pour les uns, la question est : comment le sujet psychologique apprend-il ? Pour les autres, elles serait plutôt : qu'est-ce qui montre que le sujet a appris ? Les approches théoriques bien qu'antagonistes sont ainsi comprises de manière complémentaire pour aider à la compréhension de l'apprentissage, pour étendre le questionnement. Les unes nous permettent de comprendre et de questionner ce qu'est apprendre du point de vue des processus mentaux, les autres nous permettent de comprendre et de questionner ce qui montre que l'on a appris.

Les théories peuvent donner certaines clés pour comprendre l'apprentissage du sujet. Cependant comprendre l'apprentissage, c'est comprendre ce processus en s'orientant *dans des situations* à l'aide des théories tout en étant conscient de leur limites.

3

Nécessité et limites des théories

LE SUJET THÉORIQUE N'EST PAS LE SUJET DE LA PRATIQUE

Un point commun à tous ces courants d'idées : les théories sur l'apprentissage ont été produites dans le cadre de la psychologie sociale quand ce n'est pas dans la psychologie psychologisante. Ce sont des théories psychologiques, or on ne peut s'orienter dans le monde professionnel seulement à partir d'un référentiel psychologique, la pratique est plus riche. Aussi est-il utile de faire subir un certain *traitement à ces théories*, de les problématiser pour pouvoir s'y référer en tant que professionnel. Elles n'ont pas été faites pour être des guides dans la pratique. La référence n'est pas une réponse aux « problèmes » pratiques, elle permet de poser des questions.

Les théories sur ce qu'est l'apprendre s'intéressent à un sujet moyen, abstrait, un sujet dit « psychologique », dans lequel la cognition est survalorisée, au détriment de l'affectif, du perceptif, de l'imaginaire, au détriment d'autres dimensions, comme l'inconscient. Ce sujet n'existe pas, c'est un sujet d'étude : *c'est un objet;* alors que la pratique professionnelle se déroule avec des sujets grandeur nature, des sujets vivants, humains. Le professionnel ne travaille pas avec des objets d'étude, il travaille avec des personnes.

Le sujet dont ces théories parlent est désincarné et intemporel, il n'est pas relié à une temporalité, il n'a ni passé ni futur, il n'a aucun projet; il a tout juste une mémoire. Ni histoire, ni désir, ni complexe, ni affection. C'est un sujet *ontogénétique*, représentatif de l'espèce humaine et même, dans le recherche piagétienne et dans la psychologie cognitive, c'est un objet d'étude et d'expérimentation, un sujet *épistémique*. Ce sujet est pris dans une philosophie de la *nature humaine*. Celle-ci postule que l'homme est *essence*; être homme hier et aujourd'hui, ici et ailleurs serait, fondamentalement, la même chose. Aujourd'hui, on peut ne pas être d'accord avec ce présupposé philosophique et on peut penser autrement les rapports de l'être humain singulier à la temporalité et au social. En éducation, une pareille philosophie de la nature humaine semble être inopportune et tous ceux qui essaient de penser les phénomènes d'éducation se situent plutôt dans des philosophies de type *phénoménologique** et non pas essentialiste.

Le sujet dont il est question dans l'apprentissage est à la fois un sujet psychologique, un sujet social, un individu inscrit dans les institutions, un sujet sexué (celui de la psychanalyse), un sujet incarné dans la personne. *Le sujet de la théorie n'est qu'une représentation partielle de cette personne.*

LA THÉORIE NOURRIT LA PRATIQUE

Les principales théorisations disponibles aujourd'hui en apprentissage tiennent des discours sur un « sujet » psychologique d'expérimentation, moyen, statistique, qui n'a pas d'histoire, de vie privée, de carrière à gérer, d'institution dans laquelle s'inscrire... Ce n'est ni une personne, ni un professionnel, c'est un objet d'étude.

Dans les théories, le principe de base est *la réduction des phénomènes*. La recherche en psychologie ou en psychosociologie qui cherche des lois universelles et des mécanismes généraux, par sa volonté d'être « scientifique », réduit ce dont elle s'occupe à quelques facteurs manipulables. La pratique débordera toujours le texte de recherche. On ne peut lui demander plus qu'il ne peut donner.

Trop souvent on sépare absolument pratique et théorie en fonction des lieux de formation : d'un côté le centre, l'Institut de formation, et, d'un autre côté, le terrain, lieu de stage considéré comme le miroir du futur poste professionnel. Et en terme d'alternance, on parle d'un va-et-vient, marqué par une rupture dans le temps, entre les lieux, et entre les paroles professionnelles : d'un côté celle des théoriciens de la formation professionnelle, de l'autre côté celle des praticiens aux prises avec « la réalité », le vrai, le difficile. Pourtant le lien théorie/pratique est possible, il surgit fréquemment lorsqu'il s'agit de pointer des manques, des incompétences, lorsque l'on s'interroge sur le parcours de tel étudiant, sur les modalités de son recrutement. On peut aussi le faire de façon plus positive. Relier les deux dimensions de la professionnalisation, ce n'est pas employer l'un pour analyser, découper l'autre, mais *se donner des principes d'intelligibilité des pratiques.*

Les théories de l'Apprendre ne sont jamais entièrement déconnectées de la pratique : on ne théorise pas à partir de rien. La théorisation est une lecture organisée d'actes effectifs. Elle peut donc *devenir un des outils de lecture de la pratique par le praticien lui-même*, elle peut favoriser la projection d'autres manières de faire, de voir, de comprendre les événements, de les anticiper. Elle permet d'étayer l'auto-évaluation que le praticien effectue de sa pratique professionnelle. Elle est un des éléments référentiels par rapport auxquels on peut se repérer dans la multiplicité du sens des gestes professionnels.

Se former, c'est construire un certain nombre de points cardinaux qui permettront ensuite de calculer sa route. La culture en général, la connaissance des théorisations en particulier, permettront de comprendre ce qu'on fait, de construire du sens dans la pratique, de la transmuer en *praxis**.

LA THÉORIE ARTICULE LES CONCEPTS POUR L'INTELLIGENCE DES PRAXIS SOCIALES*

Stocker des savoirs qui préexistent, s'instruire, ne peut suffire à se dire qu'on est en apprentissage. La culture n'est pas seulement un lieu qu'on visiterait pour y choisir ce qui plaît. Croire qu'être cultivé c'est engranger des savoirs pour pouvoir les sortir ensuite, tels qu'ils sont dans le dictionnaire, est une idée ruineuse. La théorie articule des concepts qui ne trouvent pas leur signification dans le dictionnaire mais à l'intérieur d'un modèle pour l'action, dans un discours construit à l'intérieur d'une théorie dans laquelle leur signification se précise et devient quelque peu stable, relativement univoque.

La culture consiste à vivre avec les savoirs dans une délectation quotidienne qui nous constitue. Alors intégrer des savoirs n'est pas suffisant pour parler d'apprentissage, encore faut-il qu'on fasse quelque chose de ces savoirs, qu'on se construise avec, dans une familiarité personnelle. La pratique professionnelle se construit alors dans le mouvement entre les savoirs sur les situations.

S'intéresser à l'apprentissage, avoir des savoirs sur les théories de l'Apprendre, c'est pouvoir construire une lecture d'une pratique à partir des concepts et essayer, sans illusion, d'infléchir le déroulement des choses en organisant les conditions de l'exercice professionnel. Ce sont donc les liens entre les savoirs existants qui permettront de « tenir » dans la pratique, de *l'inventer avec plaisir*. Le professionnel, c'est celui qui ne perd jamais le plaisir d'inventer sa pratique, de la transformer au jour le jour en praxis. Avoir des références, c'est construire sa praxis en analysant sa pratique en référence à des modèles où la signification des concepts se précise en s'éloignant du sens commun que la simple notion peut avoir dans la pratique.

Pour le praticien, la théorie est un élément *de référence*, un élément par rapport auquel il peut se situer, un élément qui lui permet de construire du sens sur et dans sa pratique. *Le sens se construit avec la théorie, ce n'est pas la théorie qui donne le sens.* Donc, toute théorie n'est qu'un élément de référence indispensable, certes, qui permet de construire un texte sur la pratique, mais qui permet aussi de développer un projet et donc de passer de la pratique à la praxis. La théorie, la référence sont les moyens les plus sûrs que nous ayons pour ne pas être « englués » dans la pratique, pour ne pas en rester au pratico-pratique mais pour pouvoir évoluer, dans la pratique, avec un projet.

Ce projet prend forme dans le temps de la formation au métier ou à la fonction. Si la formation ce n'est pas imprimer une forme, si la formation ce n'est pas de donner une forme (même si c'est moins violent qu'imprimer), la formation est l'occasion d'advenir à la forme — ma forme — la forme n'est pas préexistante, c'est par la formation elle-même que je la crée, que je l'organise, moi qui me forme. *Alors la formation n'est pas une simple usine à transformations, c'est bien davantage une aventure* et l'apprentissage est *une certaine façon de raconter et d'organiser cette aventure.*

PASSER DES THÉORIES DE L'APPRENDRE AUX MODÈLES POUR L'APPRENTISSAGE

L'explication du fonctionnement de l'organisme qui apprend n'épuise pas la compréhension de l'homme qui pense, parle, raconte, agit pour se comprendre dans le monde en comprenant le monde. Si les sciences de la cognition* étudient cet organisme singulier, les apprentissages auxquels s'intéressent les sciences de l'éducation sont ceux dits « délibérés », distincts quoique en lien avec des apprentissages dits « naturels » ou « spontanés » qui participent et contribuent au développement biologique de l'individu dans l'espèce humaine.

Les apprentissages délibérés sont ceux qui sont organisés dans des institutions éducatives : l'école, la formation professionnelle et, dans une certaine mesure, le lieu du travail, du métier. Ces apprentissages qu'on aurait trop vite envie de réduire à de la professionnalité en les coupant du reste de la personne. Au contraire, ils sont bien sûr influencés par ce que la personne apprend tout au long de son histoire faite d'expériences singulières.

La question de l'apprentissage est alors celle du lien entre cognition et éducation. Elle renvoie à des dimensions éthiques, historiques, politiques de l'action humaine, elle prend en considération les liens de l'apprentissage avec l'évaluation, la didactique, les institutions, la recherche.

Les sciences de l'éducation qui se préoccupent d'apprentissage portent nécessairement un regard sur la personne qui apprend à partir de plusieurs champs disciplinaires qui modélisent les processus cognitifs. Elles portent aussi un regard sur la personne apprenant dans le contexte de son expérience singulière, dans son milieu. C'est à partir de ces référents multiples que les sciences de l'éducation cherchent à comprendre un apprentissage qui est celui d'une personne singulière, d'un sujet (psychologique), d'un individu (pris dans un imaginaire social historique) adoptant la figure de l'élève dans l'institution scolaire ou celle du futur professionnel dans les Institutions de formation. L'apprenant, pour les sciences de l'éducation, peut être appréhendé de façon « complexe » : il est toujours en situation, il est une personne en projet, il endosse la livrée d'un personnage social dans la figure de l'élève ou du professionnel, l'infirmier par exemple. C'est dans le lien entre personne, organisme connaissant, personnage social, sujet, individu que les sciences de l'éducation questionnent le processus d'apprentissage.

On pourrait alors avancer qu'il existe des théories de l'Apprendre, dans le champ de la psychologie, de la psychosociologie, de la psychologie cognitive* et des sciences cognitives* en général. Elles s'intéressent au sujet compris comme organisme vivant, ou comme objet de recherche, ou comme psyché, ou comme « machine » raisonnante percevant, traitant et organisant de l'information. Ces théories de l'Apprendre sont des référents pour modéliser un discours théorique sur l'apprentissage qui, lui, prend en considération la personne, l'individu dans un contexte social historique pris dans des situations délibérément construites pour qu'il apprenne, c'est-à-dire s'approprie des objets culturellement, historiquement construits. En somme, les théories de l'Apprendre expliqueraient le fonctionnement du sujet apprenant afin que l'apprentissage comme pratique sociale et « objet » des sciences de l'éducation puisse mieux se comprendre.

4

Synthèse et questionnements

À quoi servent les théories pour un cadre en formation ? La distinction que nous proposons entre théories de l'Apprendre et apprentissage peut nous conduire à formuler une hypothèse en écho à cette question. Les théories de l'Apprendre serviraient aux praticiens, éducateurs, formateurs, à mieux comprendre l'apprentissage. Elles font partie de ses référents.

Si ceux-ci se posent la question de « qui apprend ? », les théories de l'Apprendre désignent un organisme vivant, un sujet abstrait, générique, épistémique, un individu dans une espèce. Elles sont un passage que nous croyons indispensable pour en arriver à la compréhension d'une personne inscrite dans une situation, un contexte, une temporalité : dans un projet d'apprentissage.

Si le cadre en formation se pose la question de l'objet de l'apprentissage : « apprendre quoi ? », les théories de l'Apprendre lui montrent le monde tel qu'il est parlé quand l'homme s'en dégage, les objets de ce monde, les savoirs prescrits. Elles peuvent alors lui permettre de passer à la compréhension des liens entre lui et le monde, entre lui et les objets du monde ; elles lui permettent de se connaître en connaissant le monde.

Si le cadre se pose la question « pourquoi apprend-on ? » et « pour quoi, vers quoi ? », les théories de l'Apprendre montrent que l'activité cognitive du sujet vise son adaptation et son développement harmonieux dans son environnement. Ensuite, elles peuvent aussi lui permettre de comprendre le monde et de se comprendre comme original dans le monde ; l'originalité étant entendue dans les deux sens du terme : comme étant à l'origine, à la genèse de, et comme étant singulier, unique dans le monde. En ce sens, *l'apprentissage vise autant le travail de création (de forme nouvelle) que l'adaptation aux formes existantes.*

L'apprentissage, par ces visées antagonistes, distingue des pratiques sociales telles que l'enseignement, l'encadrement et la formation : si enseigner, c'est mettre en circulation les objets de la culture, si encadrer, c'est exercer dans le lieu de travail une fonction de formateur et si former, c'est questionner et essayer des formes.

Cette dynamique du passage à partir des théories permet de comprendre le lien entre l'éducation, spécifique à l'homme social, et l'apprentissage.

Les questionnements que nous avons développés sont un préalable à l'exposé des théories de l'apprendre. Nous n'allons pas dérouler ces théories dans leur détail mais proposer un premier *repérage* qui sera sans doute affiné pendant la formation. Ce texte ne veut pas se substituer aux liens formé/formateur mais les accompagner.

II

LES DIFFÉRENTES APPROCHES THÉORIQUES DE L'APPRENTISSAGE

5

Une exploration

On ne recherchera ici, ni à fournir une revue de questions sur le sujet — il en existe déjà d'excellentes — ni à développer une réflexion approfondie qui aurait la prétention de rendre compte complètement des processus d'apprentissage. Il sera seulement proposé quelques repères, à partir de différents courants qui abordent l'apprentissage chacun à leur manière. Ils apportent chacun des éléments particuliers d'éclairage, mais ils comportent tous des insuffisances pour une explication exhaustive : ces limites serviront de supports à la formulation de quelques perspectives pour les formateurs et les cadres qui ont à voir avec l'apprentissage en situation. Cette brève exploration peut servir de point d'appui à l'explicitation et à l'élaboration du référentiel de chacun des praticiens de la formation : à partir de quelles conceptions proposées par la recherche construire sa propre conception de l'apprentissage ? Cette exploration ne prétend ni à l'exhaustivité des champs possibles, ni à l'approfondissement de ceux qui sont évoqués. C'est davantage la diversité qui nous intéresse pour une synthèse, bien sûr partielle, mais utile pour aborder aussi la notion de transfert d'apprentissage et l'apprentissage en situation scolaire, en situation de formation, ou dans l'exercice du métier.

Les courants que nous allons évoquer sont : le behaviorisme, la psychologie cognitive, l'approche développementale. Nous verrons ensuite en quoi ces approches peuvent être utiles aux formateurs en interrogeant les didactiques et en examinant les principes et les conditions pour construire des situations d'apprentissage. Les analyses conduites pourront vraisemblablement paraître un peu caricaturales aux tenants de ces différents courants : c'est seulement pour mieux mettre en exergue ce qui nous semble être des nœuds problématiques, pour initier un questionnement.

Deux arrière-plans sont à rappeler :

– les apprentissages qui intéressent les futurs cadres sont ceux dits « délibérés » (alors que les travaux ont tous porté sur les apprentissages dits « spontanés », sauf pour les didactiques) ;

– l'apprentissage qui se définit comme un processus d'acquisition ne concerne pas seulement l'enfant, mais aussi l'adulte (si tant est que cette distinction soit fondée, c'est en tout cas ce que la perspective développementale nous suggère, comme d'ailleurs le registre législatif).

Enfin, dans le champ de la psychologie, les théories de l'Apprendre étudient le fonctionnement psychique, mental ou comportemental, du sujet en train d'apprendre. Deux grands courants se partagent alors les recherches sur l'apprentissage :

– Les théories issues du *behaviorisme* envisagent l'apprentissage du point de vue de l'étude des comportements humains.

– Les théories *constructivistes et socio-constructivistes* modélisent les mécanismes et les processus mentaux de construction de la connaissance par le sujet apprenant. Ces théories proposent des modélisations du processus de développement des connaissances et proposent des articulations entre développement cognitif et apprentissage. C'est le cas de Piaget [4] et Vygotstky [7] par exemple. Pour le premier la connaissance est une résultante du développement humain et celui-ci conditionne les apprentissages, pour le second l'apprentissage favorise et précède le développement qui donne accès à la connaissance.

6

L'approche behavioriste

APPRENDRE, C'EST PRODUIRE UN COMPORTEMENT ADAPTÉ DANS L'ENVIRONNEMENT

Le behaviorisme a recherché l'explication des phénomènes d'apprentissage au niveau des comportements. Les premiers modèles du behaviorisme reposaient sur l'établissement de liaisons entre stimuli et réponses comportementales, conçues comme des réactions. Ils s'appuyaient sur le schéma proposé par Watson et devenu classique : S (stimulus) → R (réponse) [8].

L'apprentissage y est conçu dans une logique adaptative, comme *la sélection d'une conduite dans un répertoire de conduites disponibles*. Après une série d'essais et d'erreurs, d'entraînements, l'apprenant sélectionne la réponse comportementale qui est la plus adéquate au problème à résoudre ou qui produit une adaptation optimale à la situation. C'est l'effet produit par la réponse qui régit l'apprentissage, qui fait qu'il y a ou non apprentissage. C'est la motivation, entendue comme état du système nerveux de l'organisme qui le pousse à l'action, qui active l'apprentissage. L'apprentissage est considéré comme un produit, comme un résultat observable dans le changement de comportement et la persistance de ce changement chez le sujet.

Ce schéma de base a été complété, ou aménagé, par exemple, par Tolman, qui introduit une activité intermédiaire de l'expression : S (stimulus) → (0) (organisation) → R (réponse) de type représentationnel. Il considérait ainsi que ce sont moins des connexions directes entre stimuli et réponses qui s'élaborent en cours de l'apprentissage qu'une organisation d'un ensemble de stimuli et de réponses reliant entre eux des éléments de stimulations variés et discontinus.

Quoi qu'il en soit, ces modèles restent essentiellement inscrits dans ce qu'on pourrait appeler des dimensions de l'environnement : le comportement est déterminé par les stimulations de l'environnement, *l'apprentissage est fonction de contingences externes, notamment des contingences de renforcement* sur lesquelles Skinner en particulier a insisté dans ces expériences [9]. Les travaux sur le conditionnement ont ainsi mis en exergue la part d'influence de l'environnement sur les productions comportementales.

APPRENTISSAGE ET CONDITIONNEMENT

L'apprentissage par conditionnement correspond à l'approche behavioriste. Le conditionnement est un moyen de mise en place de comportements ou de modifications de ceux-ci, soit en réponse aux stimulations provenant de l'environnement, soit en réponse aux stimulations construites par l'intervention d'un tiers (formateur, enseignant, éducateur, expérimentateur) qui attend un comportement prédéfini. Comprendre l'apprentissage, c'est ici observer les comportements du sujet et étudier les liens entre les causes (stimuli) et les effets (comportements) pour pouvoir agir sur la cause et les orienter *vers ce qui est attendu, ce qui est finalisé.*

On ne s'intéresse pas aux processus propres aux fonctionnements psychique, mental ou cognitif du sujet. Ce qui se passe dans sa tête n'est pas interrogé. Dans le modèle du conditionnement, l'activité et les opérations de réflexion, d'abstraction, de construction de représentations internes au sujet sont considérées comme inaccessibles à l'expérience et à l'observation, elles constituent le contenu de *« la boîte noire »* qui n'est pas interrogée.

La nature diverse des stimuli et de la relation cause (stimulus)/effet (réponse comportementale), ainsi que les contingences de renforcement conduisent à distinguer deux types de conditionnement.

Le conditionnement répondant

Le terme de conditionnement évoque les expériences de Pavlov (1849-1936). Partant du constat qu'un stimulus donné (mettre le chien en présence de viande) provoque de la part de l'animal une réaction réflexe (salivation), le chercheur montre qu'en associant un stimulus neutre (ne provoquant pas à lui seul la réaction, en l'occurrence une sonnerie) au stimulus inconditionnel (la viande), on peut obtenir, après entraînement, une réaction conditionnelle (salivation dès la sonnerie et avant ou sans la présence de la viande). Mais cette forme de conditionnement suppose que le comportement produit fasse partie du registre initial de comportements de l'individu. Le comportement (salivation) n'est pas appris, il est seulement *produit comme réponse attendue.* La réaction au stimulus conditionnel est de l'ordre du réflexe conditionné.

Cependant, chez l'homme, la plupart des réponses à un stimulus ne sont pas du domaine des comportements initiaux, innés, elles sont construites et ne deviennent réponse qu'après cette construction : s'arrêter au feu rouge par exemple ne fait pas partie du registre « naturel » du comportement humain, pas plus qu'éviter de toucher un objet brûlant. L'apprentissage est tout autant l'automatisation d'une réponse à un stimulus conditionné que la construction de ce comportement-réponse qui est alors appris, objet de l'apprentissage. Cette forme de conditionnement sous le nom de *conditionnement opérant* est la plus fréquente pour l'homme.

Le conditionnement opérant

Il est illustré par les expériences de Skinner. Un rat affamé est placé dans une boîte dans laquelle un levier, s'il est actionné, fournit la nourriture. Skinner a montré qu'à partir d'une activité désordonnée, au hasard, le rat pouvait apprendre à appuyer sur le levier pour peu que ce comportement soit *renforcé* par la récompense que constitue un apport de nourriture. Par rapport au conditionnement répondant, c'est le comportement attendu (appuyer sur le levier) qui est appris si le rat est actif et si sa réussite est renforcée par la récompense. Pour que le comportement s'automatise et soit vraiment appris, il faut que soit maintenue *la satisfaction* du sujet.

Chez l'homme, les apprentissages qui relèvent d'un tel conditionnement sont nombreux. Mais bien sûr les comportements construits sont plus complexes que la simple action sur un levier : écrire, conduire une automobile *relèvent d'une chaîne de comportements imbriqués*, qui, pendant l'exécution de l'acte, sont mobilisés sous la forme du conditionnement.

LES MODES D'ACTION PÉDAGOGIQUE LIÉS AU CONDITIONNEMENT

On peut souligner un aspect de cette approche du conditionnement qui peut être intéressant pour alimenter la réflexion sur l'apprentissage. Il s'agit de la dimension *interventionniste* des expériences conduites sur le conditionnement. Le caractère finalisé des situations construites par les expérimentateurs, le fait que l'expérimentateur construise la situation en fonction d'un but à atteindre préalablement posé, peuvent rejoindre une des dimensions de l'activité pédagogique en situation d'apprentissage délibéré. Le chercheur, le formateur et pourquoi pas le cadre, construisent des situations artificielles (des dispositifs) qui sont au service d'un objectif. Et on ne peut que constater à partir de ces travaux, que ce caractère finalisé d'une intervention (que les objectifs qui lui correspondent soient élucidés ou inconscients pour celui qui les poursuit, et explicites ou implicites pour celui qui les prescrit) n'est pas sans incidence sur les comportements. Mais cela confère, par là même, *un rôle passif au sujet* par rapport à la finalisation de sa conduite : la finalisation reste, en effet, externe au sujet, bien que la production de la réponse soit orientée par la motivation.

On peut reconnaître là une des sources vraisemblables d'ailleurs au développement de la *pédagogie par objectifs* et au mode d'actions pédagogiques comme *l'enseignement programmé.*

Conditionnement et pédagogie par objectifs

En quoi la pédagogie par objectif (PPO) se réfère-t-elle aux théories du conditionnement ?

Définir un objectif d'apprentissage, c'est désigner clairement, précisément, l'objet d'apprentissage comme le résultat à atteindre à l'issue de l'apprentissage (la cible). Cet objet peut être un savoir : l'apprentissage vise alors la maîtrise d'une notion. Il peut être un savoir-faire, c'est-à-dire l'acquisition d'une technique, d'une procédure, d'une méthode nécessaire pour réaliser une performance. Ce peut être encore un savoir-être entendu comme l'intégration et le développement d'un comportement, d'une attitude précise.

Apprendre, c'est alors diriger son action vers l'atteinte de résultats, de cibles préconstruites. Ces résultats fonctionnent comme une norme. Toute l'activité de l'apprenant est un effort pour mettre son comportement *en conformité avec l'attendu.* On l'y aide (et il s'aide, seul) par l'utilisation de renforcements produits par ses réussites (les bonnes réponses) et le repérage de ses erreurs à des fins de correction, de réajustements. Les principes de la théorie du conditionnement sont ici en œuvre : *orientation du comportement du sujet vers l'adaptation à une norme préconstruite, finalisation externe.*

Un des principes de la pédagogie par objectifs est celui du découpage de l'objet d'apprentissage de façon à ce qu'un objectif global, objectif terminal (par exemple « apprendre à lire ») soit décomposé en sous-objectifs de niveaux différents et plus aisément atteints. On distinguera ainsi plusieurs niveaux d'objectifs :

– les objectifs généraux correspondant à l'acquisition globale de l'objet (savoir lire),

– les objectifs intermédiaires correspondant aux acquisitions nécessaires pour atteindre les objectifs globaux,

– les objectifs opérationnels qui désignent le plus souvent les comportements à mettre en œuvre dans telle ou telle activité.

C'est ainsi que se sont construites des taxonomies d'objectifs correspondant à la réalisation d'une tâche, à la résolution d'un problème, à la réalisation d'un apprentissage, selon B. Bloom [10].

L'apprentissage est ici conçu *comme un processus linéaire, hiérarchisé et cumulatif.* L'apprenant est mis en demeure d'aller progressivement du plus simple au plus compliqué, les savoirs transmis s'additionnent jusqu'à la réalisation de la performance globale attendue. Cette conception de l'apprentissage qui suppose une progression linéaire va donner naissance *à l'enseignement programmé* qui se réfère aussi au behaviorisme.

Conditionnement et enseignement programmé

L'enseignement programmé est une technique mise au point à partir des travaux de Skinner (1969) [9]. Cette technique fait fonctionner l'apprenant comme une « machine ». Il s'agit d'associer à un stimulus une réponse sous forme de réactions conditionnées. *Cette réponse doit être obtenue de façon automatique sans que le sujet s'engage dans un processus de réflexion consciente.*

Créer des automatismes

C'est un principe d'économie qui régit la mise en œuvre d'une telle technique. Elle permet de libérer l'esprit pour concentrer la réflexion sur les problèmes à résoudre. Ainsi dans l'écriture d'un texte, l'orthographe devient un automatisme et permet la concentration de la réflexion sur le sens et la composition.

Planifier l'activité de l'apprenant

Le sens que le sujet donne à son activité pendant la durée de l'apprentissage n'est pas essentiel. Le sens est renvoyé à la fin de l'apprentissage, lorsque l'ensemble des objectifs partiels aura été parcouru dans l'ordre, suivant le programme prévu par l'enseignant. L'enseignement programmé s'accommode parfaitement d'une pédagogie par objectifs. Il peut être réalisé par l'intermédiaire de l'ordinateur. Le programme est déroulé dans des didacticiels. Ils relèvent les erreurs et placent l'apprenant devant des choix à faire, des stratégies à engager en regard de ces réponses antérieures. La méthode des essais/erreurs est compatible avec l'enseignement programmé.

Principe du pas à pas

Qu'est-ce qu'un programme d'enseignement ? On peut le définir comme un ensemble de techniques, de procédures qui guident l'activité de l'élève palier par palier, étape par étape vers des objectifs préalablement fixés. Le programmateur, qui peut être le formateur ou le cadre, a aménagé les conditions de la progression pour que l'élève soit conduit vers un certain but. L'élève subit ces conditions et y répond par des actions qui le conduisent à atteindre l'objectif fixé. C'est le principe du pas à pas où chaque fois le réalisateur va trouver une information puis répondre à une question à sa portée. Il rencontrera ainsi la bonne réponse qui confirmera la sienne. La satisfaction qu'il en retire est de l'ordre du renforcement qui a pour effet de fixer positivement la réponse et de l'engager à poursuivre sa progression. On retrouve ici les principes du conditionnement opérant : un point de départ qui correspond au comportement déjà acquis des élèves, un pont d'arrivée qui est l'objectif terminal de l'apprentissage, entre les deux, une série de renforcements. Ceux-ci distribuent un grand nombre de comportements qui seront progressivement modifiés, modelés, *construits,* jusqu'à qu'ils correspondent à ceux attendus à la sortie. On voit bien que le sujet est en fait *objet du dispositif* lequel est conçu comme un système fermé, en fonction des principes de la cybernétique [11].

Ce cheminement est une réponse au besoin d'adapter la pédagogie à ce que l'individu sait déjà faire. Il part des acquis ou « prérequis » et peut organiser la distribution des questions et des renforcements en les adaptant, en les mettant à la portée de chaque individu.

NÉCESSITÉ ET LIMITES DU CONDITIONNEMENT POUR COMPRENDRE L'APPRENTISSAGE

Par ailleurs, bien que la perspective behavioriste ait privilégié les conduites de l'apprentissage, à travers l'influence de l'environnement, on peut cependant identifier une dimension interactive sujet-situation, qui, si elle n'a pas été étudiée en tant que telle, est néanmoins sous-jacente. Le sujet n'est jamais totalement exclu ou totalement passif dans sa relation à l'environnement. On peut ainsi considérer l'idée de liaison entre stimulus et réponse, et celle de rétroaction de l'environnement sur les réponses produites (notamment l'effet renforçateur ou aversifs de certains stimuli). Mais bien sûr, on reste dans une perspective de finalisation externe de la conduite, et la *rétroaction cybernétique* est seulement conçue comme négative, c'est-à-dire agissant pour corriger ou renforcer les réponses dans le sens de cet objectif initial posé de l'extérieur.

Enfin, l'environnement étant défini comme le déterminant majeur, ceci laisse dans l'ombre la part de participation consciente du sujet dans l'élaboration de ses réponses et l'activité cognitive sous-jacente à leur production. Les apprentissages concernés relèvent essentiellement des habiletés sensori-motrices (savoir faire un geste normé, savoir reproduire) et la centralisation des travaux porte plus sur *la production* d'un comportement indiscutable que sur la construction de réponses. Ainsi cette perspective s'avère insuffisante, voire incapable, pour les tenants de la psychologie cognitive, de rendre compte des apprentissages complexes qui nécessitent une perspective plus constructiviste.

7

L'approche cognitive

UNE CONCEPTION PARTICULIÈRE DU SUJET

Après un relatif désintérêt pour l'apprentissage, lié aux limites que le behaviorisme avait montrées pour en rendre compte, la psychologie cognitive a de nouveau réinvesti ce champ. Elle recherche alors, quant à elle, l'explication de l'apprentissage au niveau des représentations « symboliques », mentales. Ses modèles reposent sur l'existence d'une « architecture cognitive » définie comme *un système de représentations et de traitement de l'information* (avec « entrées » sensorielles et « sorties » comportementales). Si le changement, l'évolution des comportements sont à l'horizon de tout processus d'apprentissage, ce qui se passe dans la boîte noire intéresse les chercheurs. Cette approche relève de ce qu'on pourrait appeler des dimensions du sujet, où l'activité cognitive est centrale, puisque l'apprentissage consiste à modifier des représentations de situations ou de savoirs, modifications internes au sujet.

UNE THÉORIE DE L'ABSTRACTION

Les processus invoqués pour apprendre relèvent essentiellement de l'abstraction. L'apprentissage procéderait par schématisation, c'est-à-dire que la confrontation à une ou plusieurs situations provoquerait la construction d'un *schéma mental* qui serait actualisable dans de nouvelles situations, schéma qui pourrait lui-même, à son tour, se trouver modifié par cette nouvelle confrontation.

Il faut noter ici l'influence de la notion *d'équilibration* dans les travaux de J. Piaget [4]. Selon Piaget, *les schèmes mentaux* qui correspondent à des opérations et des capacités logico-mathématiques (ranger, comparer, ajouter, retrancher, classer...) s'affinent, se précisent, en fonction de l'activité du sujet sur les objets sur lesquels ces schèmes sont appliqués (classer des objets dans des séries distinguées par un seul critère, par exemple). C'est *le processus d'assimilation.* Ces schémas peuvent s'avérer inopérants pour de nouveaux types d'objets et devront alors s'accommoder à ceux-ci (s'il est nécessaire d'utiliser plusieurs critères de différenciation pour la classification). Piaget conçoit l'évolution de la connaissance comme *une régulation dans le temps* où l'évolution de schèmes mentaux relève d'un processus d'abstraction endogène (du à une cause interne au sujet) capable d'intégrer un nombre croissant d'opérations sur les situations.

On peut repérer ici plusieurs traits saillants : la décentration des situations particulières qui produit l'activité de schématisation, et son caractère inachevé, se construisant, se modifiant au fil des interactions avec le milieu, dans la durée. Ici, les rétroactions ne sont pas externes comme dans le conditionnement, mais internes, tenant au caractère endogène du fonctionnement cognitif lui-même, c'est-à-dire à l'activité réflexive du sujet sur lui-même.

APPROCHES COGNITIVISTES ET MODÈLES DU NOVICE ET DE L'EXPERT

Cependant, il est à noter un développement important de recherches sur le fonctionnement cognitif et un nombre beaucoup moins élevé de travaux renvoyant explicitement à l'apprentissage. Or, si l'apprentissage ne peut faire l'économie de recherches sur l'activité cognitive, il ne peut y être réduit, les processus d'apprentissage sont plus généraux que les processus cognitifs (*cf. supra*, partie I : distinction entre théories de l'apprendre et modèles pour l'apprentissage, p. 33). On peut évoquer à ce sujet deux courants majeurs : celui de la résolution de problèmes et celui des comparaisons experts/novices. Dans ce dernier champ, l'apprentissage est posé comme le passage du statut de novice à celui d'expert, par accommodation à des savoirs constitués et à des procédures nécessaires dans le champ d'expertise considéré. L'apprentissage pour le novice consisterait à parvenir au mode de raisonnement de l'expert et à l'adopter. Pour comprendre un problème, il suffirait d'observer et de comprendre le fonctionnement de l'expert pour conduire le novice sur les mêmes voies. C'est en effet la compétence dans un domaine qui différencie experts et novices. Le passage s'effectuerait alors à travers certaines conduites d'entraînement, notamment la schématisation.

Cependant certaines questions restent entières : comment, par exemple, expliquer que des experts, malgré leur compétence, rencontrent, lors d'apprentissage de résolution de problèmes nouveaux, des difficultés similaires à celles des novices, dans certaines conditions particulières, par exemple, quand le premier problème résolu et celui proposé en seconde tâche présentent des traits de surface similaires sans que cette similarité ne se fonde sur des caractéristiques structurales communes ? Ces résultats remettent ainsi en partie en question la vision implicite dans ce courant d'un sujet apprenant prédéterminé à satisfaire, essentiellement par accommodation, aux exigences externes des situations. En fait, *le mode de résolution d'un problème par un expert ne dit rien sur la façon dont il a acquis cette expertise et ne peut complètement renseigner sur le processus d'apprentissage.*

APPROCHE COGNITIVE ET MODÈLES DE LA RÉSOLUTION DE PROBLÈMES

Quant aux travaux sur la résolution des problèmes, leur hypothèse (implicite) est qu'il n'existe pas d'opération ou de mécanisme spécifique aux apprentissages. L'apprentissage découlerait des activités cognitives élémentaires qui interviennent dans le fonctionnement habituel. Cette hypothèse implicite conduit à réduire, parfois de façon discutable, les processus d'apprentissage à l'activité de résolution de problème. En fait, l'apprentissage serait la seule acquisition des mécanismes, des plans, des algorithmes de résolutions des problèmes, c'est-à-dire du « système de prescriptions et de règles définissant ce qu'il faut faire et dans quel ordre pour résoudre une classe de problème donnés ».

Mais on ne prend pas en compte l'élaboration de la représentation du problème et les mécanismes de compréhension des énoncés. De plus en plus, les recherches sur la résolution de problèmes montrent en quoi il est nécessaire d'assurer le lien entre « la compréhension du problème susceptible d'évoquer des plans de résolution et la solution au cours de laquelle ces plans sont appliqués » [12]. En somme, si on apprend en résolvant des problèmes, *on apprend sans doute mieux en travaillant à la compréhension des énoncés (problématisation) qu'en appliquant des modes de résolutions préconstruits et assimilés*. Ce qui compte pour apprendre, c'est moins de savoir résoudre des problèmes que de savoir les poser. Les travaux sur la résolution de problèmes rejoignent les problématiques novices-experts, ils s'inscrivent dans une réflexion plus générale sur l'enseignement programmé et le rôle de la programmation dans la construction des connaissances.

Il faut également rappeler que les recherches sur l'apprentissage ont conduit à faire des recherches sur la mémoire. La prise en considération de la mémoire amène notamment à poser la résolution de problème comme une situation d'actualisation de savoirs, d'algorithmes*, de procédures de résolution, dans des contextes particuliers. Mais cette mémoire du mode de résolution n'est alors pas suffisante pour rendre compte de l'apprentissage. En effet, le problème pour le sujet serait d'entrer dans la tâche prescrite (d'appeler la bonne représentation de la tâche) et d'activer les savoirs antérieurs utiles pour ce problème (avec des procédures de traitement de l'information). Cette approche postulerait alors l'idée d'une préformation interne qui entraînerait l'activation de la représentation adéquate du problème posé à l'externe et l'idée que le sujet posséderait une représentation adéquate du problème : il y aurait *a priori* adéquation de la représentation du sujet au monde externe dans lequel se posent les problèmes. Toute activité de mise en problème à partir de situations, de problématisation, se trouve alors exclue. Les problèmes sont déjà là, identiques dans le monde et dans la tête du sujet, il n'est qu'à connaître et à convoquer, grâce à la mémorisation, la bonne démarche de résolution pour aboutir à la bonne solution. Il s'agit alors seulement d'étudier comment le sujet arrive à ajuster ses ressources cognitives à la tâche prescrite, à s'accommoder pour résoudre le problème.

Mais ces limites sont vraisemblablement liées au fait que les formalisations de l'architecture cognitive du sujet empruntent pour beaucoup à la seule cybernétique. C'est l'idée que le sujet fonctionne cognitivement comme une machine autorégulée (le thermostat par exemple), dont le programme serait fixé à partir d'une finalité externe au système qui préciserait la réponse attendue et la stratégie adéquate pour l'obtenir. Cette autorégulation est fondée sur la rétroaction ou feed-back : le système, à partir d'un signal d'entrée, traite cette information en regard de l'information qui est attendue à la sortie, de la production telle qu'elle est prévue. Bien sûr, l'idée d'architecture cognitive avec des réseaux, des connexions, renvoie à l'idée ordinaire de complexité où les productions seraient en partie imprévisibles (parce que trop nombreuses).

Mais dans le même temps, ramener l'imprévisibilité à la seule dimension quantitative, à la seule explication des connexions des stratégies possibles de résolution et à leur agencement, postule de façon sous-jacente que toutes les stratégies possibles de résolution de problèmes, aussi compliquées soient-elles, sont prédictibles et donc préprogrammables. Cette prédiction de l'ensemble des stratégies possibles constitue en tout cas l'objectif qu'assignent bon nombre de psychologues cognitivistes à leurs recherches et aux expérimentations qui cherchent à mettre à jour les modes de raisonnements, les fonctionnements mentaux du sujet apprenant.

LIMITES DE L'APPROCHE COGNITIVISTE POUR COMPRENDRE L'APPRENTISSAGE

Dans un contexte d'apprentissage délibéré (à l'école, en formation), l'élève est confronté à une *tâche prescrite*, c'est-à-dire à ce qui est à faire; par exemple, un problème dans un manuel scolaire ou les instructions qu'on donne à un opérateur dans un travail sur une machine. Les objectifs et le mode de réalisation sont prévus plus ou moins précisément par l'instructeur : nous dirons que la tâche est décrite. Or l'activité du sujet en train d'accomplir cette tâche montre que les objectifs que peut se donner le sujet ne sont pas les mêmes que les objectifs prescrits et que ce que fait l'apprenant n'est presque jamais ce qu'on attendait qu'il fasse. On peut difficilement déduire de la tache *a priori* décrite un modèle de l'activité du sujet qu'il devrait suivre pour effectuer la tâche. L'observateur aura le sentiment que le sujet fait « n'importe quoi » par rapport à la tâche qui lui est prescrite.

Il y a donc une distinction à opérer entre tâche prescrite et *tâche effective* et plus généralement entre *tâche et activité du sujet*. Cette dernière prend en considération les finalités de la conduite propre au sujet qui ne sont pas nécessairement celles de la tâche prescrite. Quand il s'engage dans la résolution d'un problème de mathématiques, l'élève ne cerne pas les objectifs finaux de l'apprentissage, il s'en tient au but qu'il s'est donné : fournir la réponse attendue. Le sujet mobilise des connaissances antérieures, des réminiscences, des investissements affectifs, relationnels qui ne sont en rien prévus dans le fonctionnement cognitif utile à la réalisation.

Les objectifs assignés par le formateur, lors d'une tâche, ne sont pas superposables aux objectifs que se donne le sujet qui doit réaliser la tâche. S. Leplat parlait à ce sujet du problème de la finalisation de la conduite du sujet [13]. S. Leplat et Pailhous, dans leur analyse de l'origine des erreurs, relèvent celles résultant d'un écart entre l'objectif assigné et la représentation que s'en est construite le sujet [14]. Cet écart pourrait témoigner de la différence entre fonctionnement cognitif et apprentissage. Mais poser le problème ainsi suggère que celui-ci consiste bien à amener le sujet à entrer dans la tâche prescrite, à résoudre le problème posé par l'expert. Le sujet aurait alors à s'accommoder et les conditions devraient l'amener à cette accommodation. Mais la tâche n'est-elle pas alors considérée comme un système clos et celui qui apprend comme tenu de répondre à des finalités, à des projets-programmes posés de l'extérieur auxquels il n'aurait qu'à se conformer ? Qu'en est-il alors de l'éducation, et notamment celle à l'autonomie ?

8

L'approche développementale

LE MODÈLE PIAGÉTIEN DE LA PSYCHOGENÈSE DES CONNAISSANCES

Une autre approche cognitive de la compréhension du sujet apprenant est celle qui concerne le développement cognitif. Développement est ici pris au sens *d'un processus constructif de l'activité mentale dégageant des possibilités nouvelles d'intelligibilité.* On peut aussi l'entendre comme *déploiement de potentialités préexistantes en fonction de l'activité du sujet dans son milieu lorsqu'il avance en âge.* Bien que les recherches sur le développement soient distinctes des travaux sur l'apprentissage, elles peuvent alimenter la réflexion sur l'apprentissage.

Les recherches piagétiennes portant sur le développement cognitif ont étudié l'évolution des connaissances du sujet en fonction de son âge, selon un processus de maturation. L'auteur a pu ainsi définir plusieurs « stades » de développement correspondant aux capacités cognitives que le sujet met en œuvre pour répondre et s'adapter aux situations matérielles et sociales qu'il rencontre dans son environnement et dans son expérience avec les objets qui le peuplent. La théorie piagétienne décrit le développement cognitif comme *une structuration progressive commandée par des mécanismes d'équilibration.* La construction de la connaissance est une auto-organisation cognitive qui s'ouvre de façon continue sur de nouveaux possibles, selon une évolution vers des niveaux d'abstraction toujours plus grands. Cette évolution se caractérise par l'acquisition progressive de schèmes mentaux (classer des objets, comparer, assembler par exemple) qui permettent d'assimiler des objets et, en même temps, qui s'accommodent, se transforment, se combinent lorsqu'ils sont inopérants pour comprendre, c'est-à-dire pour assimiler de nouveaux types d'objets ou des situations problématiques nouvelles. La compréhension et les acquisitions pour le sujet sont alors liées aux niveaux cognitifs de départ du sujet en apprentissage. Autrement dit, pour apprendre à lire par exemple, il faut avoir à sa disposition les structures cognitives qui le permettent. Ainsi pour certains apprentissages délibérés, une maturité est nécessaire et des prérequis indispensables, on n'apprendra pas la division à l'école maternelle.

L'APPRENTISSAGE EST FONCTION DU DÉVELOPPEMENT

Certains travaux dans la ligné piagétienne ont alors porté sur les rapports entre développement et apprentissage, essentiellement pour des apprentissages « spontanés ». Ainsi des résultats tels que ceux relatés par Inhelder, Sinclair et Bovet nous invitent à faire dépendre l'apprentissage du développement. Inhelder indiquait clairement cette position : « L'apprentissage est subordonné aux lois du développement et non pas l'inverse. » [15]

Cette perspective a fondé et fonde encore vraisemblablement bon nombre de pratiques scolaires qui ajustent les tâches d'apprentissage au stade de développement présumé atteint. L'apprentissage suivrait ainsi le développement, les capacités cognitives actuelles détermineraient les possibilités d'acquisition. Le caractère auto-organisé du développement, le modèle de la régulation concernent l'acquisition, la structuration de schèmes opératoires concerne ceux qu'il faut posséder pour pouvoir apprendre : discriminer, comparer... Le modèle du fonctionnement et du développement cognitif n'est pas étendu à l'apprentissage. Celui-ci est conçu alors comme l'*intégration de procédures et de savoirs rendus possibles par les structures cognitives disponibles.*

On peut bien sûr aisément comprendre cette position, car l'objet d'étude porte sur la constitution des structures cognitives dans une perspective développementale, ce qui induit notamment l'usage d'exercices, d'opérations directement liées et adéquates au stade de développement *actuel* des sujets. Bien sûr, ce stade de développement n'est vraisemblablement pas sans incidence sur les résultats obtenus par l'apprentissage. Mais néanmoins cette perspective relègue l'apprentissage dans une vision plutôt linéaire où les situations devraient être ajustées aux ressources actuelles du sujet.

Apprendre devient enregistrer le savoir transmis selon une progression qui accompagne le développement cognitif. L'apprentissage se fait par additions successives de savoirs en allant du plus simple, du plus concret au plus abstrait dans une progression constante. On peut alors se demander *comment avoir accès aux structures disponibles chez l'autre*. De même, on peut s'interroger sur la conception du sujet qui apprend que cette théorie véhicule : cette question semble être résolue par une approche strictement *instructive* de la formation (la formation serait faite pour acquérir un savoir externe et objectif) et une vision seulement *cumulative* de l'apprentissage par accommodation aux structures existantes. La puissance du caractère constructif autonome et des processus d'équilibration semble en effet attribuée au seul développement des structurations logiques internes et l'influence du contexte est oubliée.

APPRENTISSAGE ET PSYCHOLOGIE SOCIALE : LE SOCIOCOGNITIVISME

De nouvelles perspectives s'ouvrent avec les approches néopiagétiennes qui réintroduisent, par exemple en psychologie sociale, la dimension psychologique et sociale des connaissances. Elles prennent en considération le rôle *des interactions sociales* dans le développement cognitif [16].

Le développement est alors compris moins comme une construction endogène à l'individu (qui lui serait propre) que comme une construction au sein d'une appropriation. En somme, comprendre l'individu apprenant ne peut se concevoir seulement en isolant la dynamique propre à l'individu (point de vue strictement psychocognitif) mais dans ses relations interpersonnelles (avec les parents, les éducateurs), culturelles et sociales auxquelles le sujet est confronté dès sa naissance. Le nouveau-né apprend le comportement et ce qu'il peut attendre des autres, il forge son identité et ses capacité à connaître dans le champ social dans lequel il grandit.

En psychologie sociale, les chercheurs ont mis en évidence par quelles situations de *médiation* les facteurs sociaux affectent ou contribuent à la construction des capacités cognitives. Ils se sont attachés à montrer en quoi les divers états cognitifs successifs sont affectés par la nouveauté des consignes et la forme des consignes, par la confrontation à un adulte ou à des pairs (deux sujets de mêmes niveaux). Ils vont s'attacher à montrer que la compréhension d'un problème ou d'une situation peut être améliorée par la discussion avec quelqu'un d'un avis contraire au sien : si le formé résout le problème avec un autre formé et s'il y a désaccord sur la façon de résoudre le problème. Le «conflit sociocognitif» peut conduire le sujet à une restructuration en profondeur de ses modes de pensée [16].

APPRENTISSAGE ET ÉDUCABILITÉ COGNITIVE

L'approche de la cognition est également remise en question par une approche plus fonctionnaliste, comme celle par exemple développée dans les travaux de *l'éducation cognitive.* L'intérêt se porte non seulement sur la constitution des structures cognitives, mais aussi sur leur fonctionnement. Les tenants du courant de l'éducabilité cognitive cherchent même à l'induire et à favoriser les apprentissages du fonctionnement de ces structures. Ils partent du principe qu'une éducation cognitive est possible «qui rende plus efficientes la construction et l'utilisation des instruments fonctionnels et notionnel de la pensée» [17]. Il s'agit pour le sujet de prendre conscience, pour les améliorer, des opérations mentales qu'il met en œuvre quand il apprend; il apprendrait à connaître et à contrôler son propre processus de sujet connaissant et apprenant. Ce courant a donné le slogan : «apprendre à apprendre». Il s'agit en somme de faire faire l'acquisition du contrôle de ses stratégies par l'apprenant lui-même. Mais cet apprentissage reste très souvent seulement procédural, sur et avec des techniques imposées, sans qu'aucune réflexion du sujet sur ce qu'il est en train de faire ne soit sollicitée [18].

L'APPRENTISSAGE SCOLAIRE COMME AIDE AU DÉVELOPPEMENT

Une autre lecture développementale est possible à partir de Vygotsky [7], chez qui le souci de lier développement et apprentissage est particulièrement présent.

Il part ainsi d'une vive critique des perspectives piagétiennes quant à la compréhension de ce lien : «Les recherches sur le développement de la pensée chez l'élève partent souvent de la prémisse que ce processus est indépendant de ce que l'enfant apprend à l'école. La capacité de raisonner de l'enfant, son intelligence, ses idées sur ce qui l'entoure, ses interprétations des causes physiques, sa maîtrise des formes logiques de pensée et de la logique abstraite sont considérées par les chercheurs comme des processus autonomes qui ne sont en aucune manière influencés par l'apprentissage scolaire. » Et Vygotsky critique dans un même élan la conception de l'enseignement qui en découle : « Cette façon de présenter le problème implique que l'enseignement doit s'orienter sur la base du développement qui a déjà eu lieu, du stade déjà dépassé. L'inexactitude de ces conclusions a été mise en évidence dans la pratique bien avant d'apparaître au niveau théorique. » L'auteur illustre ce point de vue à travers le cas de l'enseignement spécialisé des enfants handicapés mentaux peu enclins à la pensée abstraite, en soulignant « qu'un sujet d'enseignement [...] excluant tout ce qui concerne la pensée abstraite, non seulement n'aide pas l'enfant à dépasser son incapacité naturelle, mais la consolide de fait ». Et il conclut de façon plus générale sur l'inefficacité de tout enseignement orienté par le déjà acquis.

Il développe alors deux dimensions caractéristiques d'un apprentissage scolaire, par rapport à l'apprentissage préscolaire ou spontané : sa systématicité, mais surtout le fait qu'il soit dirigé et accompagné par des adultes car alors « l'enfant est en mesure de réaliser beaucoup plus que ce qu'il réussit à faire de façon autonome ». C'est en *apprenant en compagnie de l'adulte et par la médiation du langage* que le développement cognitif peut en quelque sorte s'accélérer. Bien sûr encore faut-il que ce qui est proposé à l'apprentissage ne soit pas trop éloigné des capacités cognitives du sujet et se situe dans un univers qui puisse avoir quelques échos, quelques significations relativement à ses structures mentales. Il ne servirait à rien, pour prendre un exemple extrême, d'enseigner les équations différentielles à un enfant de six ans. Vygotsky introduit ainsi ce qu'il appelle *« la zone proximale de développement »* correspondant à la capacité potentielle de développement de l'enfant qui peut s'actualiser *avec l'aide de l'adulte* en situation scolaire.

Cette position opère un renversement de la lecture des liens entre développement et apprentissage : l'apprentissage précède le développement, il « active le développement mental de l'enfant, en réveillant les processus évolutifs qui ne pourraient être réalisés sans lui ». Ce point de vue n'est pas *a priori* contradictoire avec le modèle piagétien du développement, mais il nous incite à penser de façon plus récursive les relations entre développement et apprentissage : l'un et l'autre pouvant être à la fois cause et effet.

LES LIMITES DES APPROCHES DÉVELOPPEMENTALES DE L'APPRENTISSAGE

Quelques questions demeurent cependant. Tout d'abord, qu'advient-il de l'apprentissage, une fois le développement terminé ? Il semble que tout se joue pendant la période du développement et qu'ensuite à l'âge adulte les seules acquisitions relèveraient de la formation de nouvelles habitudes. En effet, Vygotsky nous dit que, si pour l'enfant l'apprentissage de l'écriture par exemple « ouvre une série de nouveaux cycles de développement d'une grande complexité », en revanche pour l'adulte, apprendre quelque chose de nouveau « implique [...] l'assimilation de nouvelles habitudes qui en tant que telles ne produisent aucun changement dans la configuration mentale humaine, étant donné qu'elles se servent des cycles de développement déjà accomplis et achevés » [7].

Même en partant du postulat que l'adulte a terminé son développement cognitif, et même si on retient avec Vermerch [19] la notion de « registre de fonctionnement cognitif » comme caractéristique de l'organisation cognitive de l'adulte (qui repose sur la distinction entre acquisition et utilisation des ressources cognitives), on peut cependant interroger l'idée que l'organisation cognitive ne se trouverait pas *modifiée* par de nouveaux apprentissages.

Vermerch à partir de cette distribution entre l'acquisition d'un schéma et l'apprentissage de sa mise en jeu va même jusqu'à souligner l'importance d'un apprentissage de cette utilisation, qui impliquerait vraisemblablement que de nouveaux liens s'opèrent, de nouvelles connexions se construisent au sein de l'organisation cognitive à travers cet apprentissage, *remettant en question l'idée d'une stabilité définitivement acquise de cette organisation au cours du développement.*

Mais plus encore, ce qui semble implicitement soutenir la perspective de Vygotsky, c'est l'hypothèse d'une préformation de ces possibles actualisables sous l'effet de l'apprentissage. En effet, à travers la notion de « zone proximale de développement », il suggère de prendre en considération non seulement les fonctions venues à maturité, mais aussi celles qui sont au stade de la maturation. Sa position reposerait ainsi sur une vision ici aussi prémonofinalisée du sujet, cette préfinalisation s'actualisant dans le cadre de l'interaction sociale.

Ainsi, si ces deux perspectives développementales abordent différemment les rapports entre développement et apprentissage, elles reposent en fait sur deux conceptions du développement distincts : chez Piaget, l'émergence de nouveaux possibles fait référence à une créativité endogène au sujet qui produit de nouveaux outils cognitifs, alors que, pour Vygotsky, c'est l'interaction qui conduit à l'actualisation des possibles, qui sont ici en quelque sorte préformés.

En revanche, leurs présupposés quant à l'apprentissage paraissent assez proches : *on retrouve un caractère préfinalisé de l'apprentissage. Ce qui est à apprendre est de l'ordre du prévisible et vise l'adaptation du sujet à un milieu, à un environnement.* Le sujet en projet et le projet d'apprentissage personnel ne sont pas questionnés ici.

Comment les sciences de l'éducation prennent-elles en considération les limites des approches de la psychologie cognitive et du behavioriste ? Les apprentissages délibérés intéressent les formateurs, les enseignants, les cadres. Ceux-ci doivent mettre en circulation des contenus, des savoirs bien spécifiques, l'apprenant doit se les approprier. L'approche didactique de l'apprentissage peut-elle prendre en considération ces questions ? Mais le caractère le plus marquant de l'apprentissage délibéré est qu'il se fait en situation, dans un contexte institutionnel. Comprendre l'apprentissage, c'est être en mesure pour le formateur, pour le cadre, de *construire des situations d'apprentissage*. En quoi les modèles de l'apprendre développés succinctement ci-dessus sont-ils des référents pour construire des situations d'apprentissage et sont-ils pris en charge par les sciences de l'éducation ?

9

L'approche des didactiques

On s'accorde pour appeler « didactique » le point de vue qui privilégie les savoirs, qui s'intéresse en priorité aux contenus de formation. Les didactiques scolaires se distribuent selon les disciplines : didactique des mathématiques, de la biologie, du français, des langues... On distingue aussi les didactiques scolaires des didactiques professionnelles (de l'informatique, de la documentation, de la plomberie, du soin...) lesquelles s'interrogent sur le savoir appris et mis en actes dans et pour un métier.

La didactique qui présente l'appareil théorique le plus connu et le plus ancien est celle des disciplines d'enseignement scientifiques (les mathématiques puis la physique). Elle formalise la situation par une relation ternaire, la situation didactique telle que l'a définie Brousseau [20], « triangle didactique » défini par Johsua et Dupin dont les pôles seraient l'élève, l'enseignant et le savoir et dont l'intérieur serait « la situation didactique » [21]. Ces notions sont reprises un peu partout avec plus ou moins de travail pour les adapter et les questionner selon la logique de la discipline ou du métier auxquels on veut les appliquer.

Critique à l'égard de la traditionnelle relation binaire entre maître et élèves par laquelle se définissait la pédagogie, les tenants de cette didactique des disciplines scolaires traditionnellement appelées scientifiques ont ainsi introduit ce troisième terme qui est le savoir disciplinaire, le savoir dans la logique propre à une discipline d'enseignement. Cette théorisation occupe sans conteste une place importante dans le champ des apprentissages scolaires.

Ce courant apporte ainsi une perspective complémentaire à celle du courant cognitiviste. Mais en choisissant d'entrer dans la lecture de ces situations d'apprentissage par ce troisième terme (le savoir), cette didactique privilégie alors, de fait, une vision essentiellement *instructive* des situations. L'apprentissage serait consécutif à la « transmission du savoir » judicieusement adapté et organisé en programmes, en progressions pour être assimilable par l'élève en fonction de son âge et de son niveau de départ.

Si des analyses et des synthèses, telles que celle développée par exemple par Chevallard [22] à propos de la « transposition didactique en mathématiques », sont intéressantes pour comprendre les innovations institutionnelles en matière de programmes scolaires, elles caractérisent la « situation didactique » comme un ensemble institutionnel où la marge d'autonomie de fonctionnement des acteurs en présence est réduite à quantité négligeable.

On peut tout d'abord questionner la formalisation proposée de cette « situation didactique » : elle permet des analyses institutionnelles riches, des analyses précises de l'organisation des savoirs, comment, à partir de quoi sont, par exemple, élaborés les programmes dans les cursus, ce qu'ils deviennent dans une classe précise mais elle ne semble pas pouvoir facilement rendre compte de la complexité d'une situation d'apprentissage qui ne se réduit pas à la relation des acteurs avec un contenu à savoir.

Bien sûr, elle peut décrire ainsi l'attachement des enseignants aux programmes nationaux, les mêmes pour tous et leur rejet massif des machines à enseigner, des « kits » pédagogiques constituant l'ingénierie pédagogique rapidement baptisée « ingénierie didactique ». Elle peut permettre aussi de comprendre dans une certaine mesure pourquoi les disciplines qui ne se sont pas limitées, dans leur histoire institutionnelle, à la transmission des savoirs (comme par exemple l'éducation physique et sportive (EPS) ou la didactique du français qu'on ne confondra pas avec l'objectif programmatique de « maîtrise de la langue française » [23] sont souvent plus porteuses d'innovations pratiques que les autres. Mais, de façon un peu réductrice, nous pourrions dire que l'élaboration d'un modèle didactique selon les lois relevant essentiellement de la physique paraît peu pertinente ou tout au moins insuffisante pour représenter des ensembles vivants. Les éléments vivants du système (ici l'élève et le maître) sont conçus en quelque sorte comme pré-monofinalisés et donc déterminés uniquement par les programmes scolaires.

N'est-il pas possible alors de penser d'autres finalités à d'autres niveaux que ceux de la logique d'une discipline, comme par exemple les finalités de l'apprentissage émergeant de la situation didactique elle-même ? Dans une visée plus interventionniste, d'autres finalités, plus proches des valeurs de service public d'éducation et ne se limitant à la transmission du savoir, ne sont-elles pas construites dans les situations d'apprentissage ? Quel lien l'apprentissage entretient-il avec une visé éducative qui ne se réduit pas au projet d'instruire ? Au-delà du constat, il s'agit de raviver d'une certaine façon cette conscience didactique et d'ouvrir un système didactique sur un système d'apprentissage désormais pensé comme un complexe.

Nous pouvons également nous interroger sur les rôles respectifs assignés aux éléments de la relation triangulaire illustrant la situation didactique : le « triangle didactique des disciplines dites scientifiques », enseignant/savoir/élève. Ces rôles ne sont-ils pas quelque peu figés ? Ainsi le maître n'existerait qu'à travers le savoir enseigné, produit par d'autres et dans d'autres lieux et l'élève ne serait inscrit que dans une problématique stricte d'accès à ce savoir, avec un seul rôle assigné : intégrer les savoirs ? C'est une problématique étroite, celle de la « transmission des savoirs ». Si l'enseignant n'est là que pour parler (ou réciter) « le texte du savoir » [22], que peut-il advenir de l'interaction élève-savoir ? Le savoir est-il approprié pour devenir une connaissance ou s'agit-il seulement de pouvoir le restituer en état, tel qu'il est transmis, sans se soucier de savoir en quoi il transforme à la fois la personne et son action, et cela d'autant plus que la situation est seulement pensée comme une production de réponses adéquates.

Si l'élève (système vivant) entre en relation avec le savoir externe objectif (système clos), les risques sont grands de clôture. Les savoirs disciplinaires formatent* en quelque sorte l'activité de l'élève, ses possibilités d'invention, le recours à l'imaginaire et à l'imagination. Le pouvoir du savoir disciplinaire sur l'élève est alors renforcé par l'enseignant, au risque de produire « un monde où tout semble dit une fois pour toutes [...], un monde où bien souvent la fermeture des situations, leur clôture, leur mise en forme définitive paraît être la visée poursuivie » [24].

En fait, ce modèle triangulaire n'est tout au plus qu'une représentation schématique qui relève plus du structuralisme [25, 26] que du systémisme, puisque ce qui est appelé « le système didactique » est un tout fermé (isolé de son contexte social), finalisé par un seul but (instruire) et que les éléments ne sont pas construits par leurs interactions mais définis, par nature, par des places assignées, fixes, sans interinfluences autres que deux à deux (l'élève doit acquérir le savoir, le maître doit présenter le savoir, le maître guide la trajectoire de l'élève vers le savoir mais qu'apporte l'élève au maître ?).

Même si cet isolement de l'ensemble découpé est dit «fictif» puisque la situation serait assujettie à la sphère des «savants» producteurs du savoir [22], cette figuration n'est pas suffisante pour représenter des interactions en situation scolaire. Le savoir, dogmatisé conçu seulement comme vrai, dirige toutes les relations et le maître, transparent, exécute le programme, ce grand livre du savoir et, alors qu'il ne fait lui-même, au mieux, que réciter le savoir savant, il se prend pour le grand timonier.

Si on en fait une lecture en systèmes ouverts, pour concevoir la vie même de l'institution et de ses protagonistes, il est alors possible de penser la situation d'enseignement ou de formation et à plus forte raison celle du cadre en exercice, dans une visée plus large et de prendre en considération d'autres finalités plus proches des valeurs du service public. On mettra alors en relief non pas seulement un projet d'instruction mais aussi *un projet d'éducation* : réflexivité, responsabilisation, solidarités, formation de l'esprit critique et de la citoyenneté. Les savoirs disciplinaires, programmés, objectivables se sont alors qu'un des éléments du système de formation. Alors cette didactique ne dit (presque) rien de l'apprentissage.

Cette lecture critique de l'approche didactique aujourd'hui prépondérante est sans doute un peu rapide, mais elle met en exergue l'importance du rôle de l'enseignant, du formateur, du cadre : du garant institutionnel dans les situations d'apprentissage. Elle permet d'attirer l'attention sur le *rôle du garant dans la gestion des interactions œuvrant dans la situation*. Cette gestion ne peut avoir systématiquement comme fonction de ramener l'apprenant et son activité productrice et réflexive dans la direction qu'impose la logique de telle ou telle discipline transmise. Elle peut prendre en considération le fait que celui qui apprend puisse apprendre autrement et autre chose en dérogeant à ce qui est attendu de lui — et même quand il est confronté à des savoirs et à des savoir-faire disciplinaires.

Si on s'en tient à la première perspective d'une régulation* qui tend à éviter les déviations (une régulation qui n'est de fait qu'une régularisation, un simple «retour aux règles», au référentiel de départ [27]), le but de la didactique se réduit à une aide à la restitution et à l'instruction. La recherche didactique n'est plus pensable que dans une visée prescriptive, praxéologique, normative, d'amélioration des pratiques : une facilitation de l'apprentissage réduit à l'acquisition, ce qui ramènerait l'interaction éducative à la seule interaction avec l'enseignant, transmetteur de savoirs. On peut comprendre ainsi la phrase de Tochon [28] : « Qu'est-ce que la didactique ? Une anticipation de ce qui va se passer en classe, l'organisation des contenus est une fiction diachronique qui se projette sur la synchronie du vécu pédagogique, dans la salle de classe. » Le travail de théorisation didactique aurait intérêt, semble-t-il, à tenir compte, dans une perspective plus large, d'un quelconque modèle de la formation [29], et, dans la formation, de la fonction évaluative du garant institutionnel qui doit gérer et promouvoir le ou les systèmes de régulation de la situation.

La didactique, comme focalisation sur les savoirs posés, donnés à acquérir, ne peut alors être considérée comme l'entrée privilégiée pour l'étude des phénomènes d'apprentissage même en situation scolaire, sous prétexte qu'elle intègre, contrairement à d'autres approches, les contenus d'enseignement dans sa perspective. Sinon la centration exclusive sur la didactique risque de se payer par l'oubli et (ou) le déni de la pluralité des pratiques et des lectures plurielles qu'on en peut faire.

Mais il est cependant possible de penser didactique, évaluation, pédagogie (entendue comme les interactions entre les divers partenaires en situation) dans un rapport récursif, comme éléments antagonistes, mais complémentaire [30] : dans un rapport dialogique*. Il y aurait contradiction entre une visée didactique qui tendrait à mettre les situations scolaires sous la dépendance des contenus disciplinaires à transmettre et la visée plus évaluative qui verrait l'apprentissage dans le développement personnel des sujets autorisé par les interactions en situation. Mais il y aurait aussi complémentarité, car apprendre, c'est apprendre quelque chose, un savoir et se développer, en apprenant. Ce serait passer de la conception d'un sujet apprenant vu comme une machine, un « système » asservi, monofinalisé (par les tâches, les devoirs, les productions à réussir et les objets de savoir à maîtriser), voire préfinalisé (par ses ressources cognitives actuelles ou préformées), à une conception *d'un sujet connaissant, dépendant de l'autonomie de son activité cognitive et de l'aspect autoconstructif de sa connaissance, porteur d'un projet, élaborant du sens et se construisant par l'apprentissage.*

10

La question des modes d'articulation

La perspective complexe ébauchée nous ouvre la voie pour tenter de reprendre en synthèse les apports et les limites de ces différentes approches et pour ouvrir, en les intégrant, d'autres éclairages sur les situations d'apprentissage.

Ces différents approches et les lectures qui y ont été associées soulèvent trois problèmes et une limite qui en dérive quant à la compréhension de l'apprentissage.

ARTICULER COGNITION ET APPRENTISSAGE

Tout d'abord, on ne peut que constater les difficultés de compréhension, dans la plupart des approches, du lien entre cognition et apprentissage. Bien sûr, on associe à l'apprentissage des contenus de savoirs déclaratifs ou procéduraux, et au développement cognitif, plutôt des opérations mentales, des structures logiques acquises ou construites dans son activité quotidienne. Mais la question reste entière quant à la distinction des mécanismes spécifiques qui caractériseraient et différencieraient apprentissage et développement cognitif.

Cette difficulté conduit, de fait et de façon paradoxale, à une différenciation implicite quant à l'autonomie respective de ces processus : caractère autonome de l'activité cognitive, propre au sujet individuel, caractère hétéronome de l'apprentissage, (dépendant du développement cognitif pour les piagétiens, du contenus des savoirs disciplinaires pour les didacticiens par exemple). *On se demande alors comment le sujet peut être autonome lorsqu'il apprend* alors que les chercheurs reconnaissent seulement l'autonomie de son développement cognitif.

ARTICULER CONNAISSANCE CONSTRUITE ET SAVOIRS PRÉSENTÉS

Enfin, le problème se situe en continuité avec les précédents, dans la mise en relation du caractère autoconstructif de la connaissance et les problématiques d'accession aux savoirs externes qui constituent les visées de l'instruction dans les situations d'apprentissage délibéré. La connaissance est une construction propre au sujet. Mais l'apprentissage, c'est aussi la mise en circulation de savoirs encyclopédiques contenus dans des programmes et dont l'acquisition passe par des méthodes, des procédures qui ne sont pas propres au sujet.

On arriverait ainsi, en caricaturant un peu, à une vision d'un sujet connaissant, reposant sur l'autonomie de son activité cognitive et l'aspect autoconstructif de la connaissance, et à une vision contraire d'un sujet apprenant proche d'*un système asservi*. Il serait asservi par les tâches proposées et les objets de savoirs à maîtriser. L'activité du sujet apprenant serait déterminée soit par ses ressources cognitives actuelles, soit par ce que l'on attend de lui.

Alors se pose la question de l'articulation entre apprentissage et cognition, entre savoir à intégrer et sens à construire par le sujet lorsqu'il est en apprentissage.

C'est en construisant et en analysant des situations d'apprentissage que le formateur, l'enseignant, pourra comprendre par quel mode d'articulation le sujet devient *auteur* [31] (celui « qui se met à l'origine de » et non pas celui « qui se permet de ») de ses propres apprentissages dans un projet de connaissances et comment il ne peut y avoir apprentissage sans que le sujet soit mis face à des savoirs, sans qu'il rencontre des obstacles posés par d'autres et conçus ailleurs.

11

L'articulation par la construction des dispositifs d'apprentissage

Si nous poursuivons notre cheminement initial à travers les champs de référence permettant de penser l'apprentissage et selon notre matrice de questionnement (voir partie I), le terme *apprentissage* est le plus souvent défini comme un produit, un résultat faisant suite à une activité et à des dispositions externes décidées par un tiers. Le produit, voire la production obtenue, est, du fait de l'exercice, de l'entraînement des capacités cognitives et/ou comportementales du sujet dans des conditions particulières, la reproduction des réponses attendues. C'est dire de nouveau que l'on ne peut constater l'apprentissage qu'en terme d'effet, effet de *quelque chose* au terme d'un parcours (pas forcément linéaire, sinon à le confondre avec une trajectoire). On peut reconnaître qu'un apprentissage a eu lieu lorsqu'on observe une modification d'un comportement et la persistance de cette modification.

Pourtant, Le Ny [32] définit l'apprentissage comme l'acquisition de nouvelles activités psychiques, l'acquisition de nouvelles capacités sous l'influence de l'environnement : cette remarque sur des activités nouvelles, et non plus seulement sur une réponse reconduite, nous renvoie sur ce qui peut se passer « à l'interne ». Selon Gagné [33], c'est un processus qui permet à l'individu de modifier son comportement, de telle sorte que la même modification n'ait pas à se reproduire chaque fois que se présente une nouvelle situation : ce qui relève donc d'un *processus* d'*acquisition, d'adaptation, de changement.* L'apprentissage défini comme processus relève donc de *l'activité du sujet*, de ses capacités d'adaptation, de changement.

D'autant plus que l'apprentissage s'opère dans le cadre des *interactions* du sujet avec l'environnement. Le formateur, l'enseignant, le cadre est chargé d'*organiser des situations d'apprentissage* délibérées, intentionnelles. Il s'agit pour lui, et avec les intéressés, de concevoir des situations qui facilitent les apprentissages, d'en organiser les conditions. Il lui est bien nécessaire pour cela d'être au clair avec les terminologies qui qualifient ses actions à conduire, avec les théories qui président aux dispositions à prendre.

Les situations* sont plus larges que les dispositifs*. C'est pourquoi ce qui est le plus important est la sensibilité du garant institutionnel à la prise en considération de l'ensemble des conditions institutionnelles, relationnelles, temporelles et matérielles ; du contexte constitué de contingences (de règles, de celles qui seront jouées mais aussi de celles qui seront déjouées), contexte dans lequel le cadre élabore et bâtit un dispositif. Le dispositif relève davantage d'une technologie de mise en œuvre de procédures, d'objectifs, de modalités pédagogiques, de choix des tâches et de leurs règles qui exigent certains objets d'apprentissage [34].

Concevoir des situations facilitatrices pour l'apprentissage peut se fonder sur *quatre principes fondamentaux à opérationnaliser** dans les situations d'apprentissage.

L'APPRENTISSAGE DÉPEND DES RÉFÉRENCES QUE L'ON CONVOQUE

C'est ce que nous avons posé dès les premières lignes de cet ouvrage. Les situations d'apprentissage à élaborer reposent sur une conception de l'apprentissage et de la formation explicitée et étayée par les références, notamment, à des théories de l'apprentissage. Il appartient à chaque cadre de se forger des modèles pour agir, une conception de l'apprentissage, celle qui va déterminer la structure des situations à mettre en place. C'est en cela qu'une culture professionnelle est nécessaire. On ne peut, dans le même temps et le même espace, se réclamer constructiviste et élaborer un dispositif qui ne laisserait aucune initiative au sujet en l'installant dans un système programmé et réglé à l'avance où il n'aurait aucune initiative, ni prise de risques possible. Cependant, on peut considérer qu'il y a toujours une part de conditions dans la réalisation d'un apprentissage, et donc peut-être quelque chose du conditionnement.

Mais par ailleurs, une fois les savoirs pris par le sujet, l'appropriation n'est-elle pas le but recherché ? Ceci afin que la connaissance, parce qu'*incorporée, incarnée*, faite sienne, n'ait pas à être réélaborée en soi lors d'une nouvelle action, mais puisse être exploitée, retransformée, avec une économie tant dans les principes d'élaboration de la nouvelle action que dans le coût d'énergie que requiert cette élaboration d'une réponse nouvelle. Être capable de « systématisation » peut être un gain et procède en quelque sorte d'un conditionnement, de l'établissement d'une liaison acquise ; quand bien même il y a encore à concevoir une stratégie et surtout à élaborer du sens à la nouvelle action à conduire.

Autre chose est d'organiser délibérément de telles situations d'apprentissage. Il s'agit de reconnaître dans les situations d'apprentissage organisées, ce qui relève d'une théorie ou d'une autre, il s'agit de veiller à ce qui appartient encore au sujet dans son apprentissage et d'être vigilant quant à la logique dans laquelle on veut l'insérer. Il s'agit de se garantir des effets possibles des systématisations instaurées pour mieux les assumer.

On peut retenir des différentes approches théoriques de l'apprentissage qu'il y a conception de l'apprentissage quand on prend en considération deux éléments :

– l'apprentissage relève de l'activité du sujet ; c'est un processus d'appropriation individuelle, de construction de représentations, d'outils, de procédures, de connaissances ;

– l'apprentissage est sous l'*influence des conditions installées* du milieu qui pourront plus ou moins faciliter, accélérer ou freiner ce processus.

L'organisateur des situations d'apprentissage, le cadre ou le formateur en général, va donc avoir à gérer de l'hétérogène. Il ne peut pas proposer un chemin unique pour tous ; au contraire, il a le souci de construire *une situation qui permette à chacun de mettre en œuvre sa propre logique d'apprentissage* [35], qui autorise chacun à prendre sa propre voie. L'objectif peut être le même pour tous, mais il y aura *mise en scène de la possibilité pour chacun de rendre intelligible, à sa façon, la compréhension de ce qui est fait ou de ce qui est à faire.*

Parce qu'il est bon que le sujet ait conscience de construire sa représentation du but et de l'action à mener pour l'atteindre, afin qu'il puisse finaliser sa conduite [13], afin « d'orienter son action » [36], de guider, d'autocontrôler ses stratégies, ses processus et ses procédures, le formateur, l'enseignant, le cadre se souciera de mettre à sa disposition les éléments nécessaires à l'élaboration de cette représentation : objectifs, mais aussi opérations à mener, critères d'évaluation des tâches mais aussi les critères globaux de la formation dans laquelle il est actif. Il les lui fera manipuler, découvrir, utiliser dans des situations diverses. Ainsi l'apprenant aura à sa disposition plus d'outils qu'il n'en utilise. Le formateur veillera à diversifier les situations d'apprentissage afin de l'inciter à s'en servir, à explorer par lui-même les différentes ressources qu'il possède. Enfin, pour que le processus d'apprentissage s'opère, pour que le sujet s'approprie les objets qui lui sont assignés, l'organisateur des apprentissages devra faire fonctionner des boucles de satisfaction, il valorisera les productions du sujet et lui permettra d'en faire autant. La satisfaction est nécessaire à l'action. Comment motiver le sujet pour qu'il réalise les tâches qu'on lui propose ? En le faisant réussir. La réussite développe la motivation, qui, à son tour, produira la réussite[1].

En effet, l'individu est en devenir, il possède des potentialités qui se transformeront en compétences si les situations qu'il rencontre y sont propices. Les sujets en apprentissage vont donc mettre en jeu des processus individuels, vont adopter des procédures différentes de résolution, d'appréhension des situations, ils vont avoir des rythmes différents d'appropriation, appuyés sur des histoires particulières

En somme, un grand nombre de travaux insistent sur la *plasticité des individus* et c'est là l'objet du deuxième principe.

L'APPRENTISSAGE S'INSCRIT DANS UNE PROBLÉMATIQUE DU CHANGEMENT

Il convient donc en tant qu'organisateur d'apprentissages délibérés de développer une *problématique du changement* des sujets en apprentissage, en s'intéressant au fonctionnement du sujet, en le considérant e*n devenir* et en train de construire ses connaissances et ses compétences, c'est-à-dire susceptible de changement. Cette option de changement concerne le sujet dans l'ensemble de ses différentes dimensions : la personne. Nous conservons le vocable de « sujet » pour chacune des études qui se centrent sur une seule de ces dimensions. Sur le plan cognitif, on dispose des recherches sur *l'éducabilité de l'intelligence*, avec les travaux sur la modifiabilité cognitive de Feuerstein et de Paour [17] ; avec la notion de *registre de fonctionnement cognitif* de Vermerch [37] qui pose explicitement la distinction entre la *possession* d'outils cognitifs et leur

1. C'est un ensemble de règles de fonctionnement que les théorisations de l'évaluation nous ont apprises a connaître et à apprécier [18].

utilisation; avec l'utilisation des décalages horizontaux et verticaux décrits par Piaget[1]. Ces recherches mettent en évidence qu'il existe des possibilités de changement cognitif des sujets et ces possibilités intéressent les situations d'apprentissage qui visent notamment l'exercice de structures opératoires.

Sur le plan des représentations qui servent au sujet à structurer et à lire les informations diverses auxquelles il est confronté, et qui déterminent sa conduite, les recherches actuelles s'intéressent à la façon dont les modifications peuvent apparaître dans les représentations qui permettent ensuite aux conduites de se transformer [38]. Un autre courant de la psychologie sociale [39] a mis en évidence que les sujets peuvent être amenés expérimentalement à produire des conduites nouvelles qu'ils rationalisent *a posteriori*. Bien que ces deux approches posent différemment la question, elles s'intéressent toutes les deux au changement dans les conduites (au niveau du comportement) et dans les représentations (au niveau cognitif), aux conditions dans lesquelles ces changements peuvent intervenir et aux mécanismes qui les régissent. La façon dont se développent et se transforment les motivations [40], les travaux sur la construction de l'identité personnelle et professionnelle, ceux sur la représentation de soi, en particulier à travers l'approche phénoménologique, mettent en évidence que le sujet est inscrit dans une problématique de changement qui intéresse l'apprentissage.

Le processus d'apprentissage est progressif, il s'inscrit dans la durée. Toute situation s'inscrit dans une dynamique temporelle de l'apprentissage. La situation n'est pas seulement une tâche de résolution, d'exécution ou d'application, elle comprend des phases préparatoires (l'ensemble des éléments qui sont mis à la disposition du sujet), des tâches intermédiaires et médiatrices (notamment des tâches d'évaluation), des tâches de réalisation et leur gestion pendant qu'elles sont effectuées par le sujet, enfin l'exploitation des produits réalisés et des procédures mises en œuvre par le sujet.

Le sujet apprend, donc il ne sait pas tout et va ainsi produire des erreurs. L'erreur est nécessaire, elle est formative, si elle permet des analyses; elle est non seulement autorisée mais utilisée. Les situations d'apprentissage doivent laisser une place possible aux erreurs

1. Un décalage horizontal est l'application d'une même opération à des contenus différents, pour une même période de développement, alors qu'un décalage vertical se caractérise par la construction d'une nouvelle structure intégrant celles dejà-là et de nouvelles opérations, en principe à un autre moment du développement. Ce qui fonde les stades chez Piaget [18].

qui auront ensuite à être exploitées ; il ne s'agit pas de développer l'échec mais d'admettre l'erreur au même droit que la réussite et de la travailler nécessairement par la référence aux critères et une autocorrection active (et non pas par un simple rapprochement « décalqué » avec le produit-norme attendu, et non pas pour l'éradiquer comme un effet symptomatique d'un dysfonctionnement malencontreux).

Ce qui nous intéresse dans une problématique de changement, ce n'est pas le passé du sujet en apprentissage, ni le présent avec « son niveau initial », mais le futur, le devenir. Il convient de se centrer sur les objectifs poursuivis ; le niveau initial du sujet est alors à prendre en compte, mais pas au pied de la lettre sous peine de limiter l'ambition des objectifs visés. C'est ce qui se produit couramment, lorsqu'en référence à la pédagogie par objectif (PPO), on s'inquiète des prérequis comme « points de performance obligée » : sans considération pour la relativité d'une telle évaluation, on construit l'apprentissage à l'inverse de sa dynamique. Les logiques d'apprentissage des apprenants sont très différentes entre elles mais sont aussi différentes de la propre logique de l'« expert-formateur ». Les pronostics que ce dernier peut faire sur la réussite ou sur l'échec sont davantage corroborés par les représentations initiales qu'il s'élabore ainsi et qui déterminent sa conduite [41] que par les possibilités effectives des apprenants. (Il faut reconnaître la faible validité des pronostics scolaires [42].)

Le sujet est donc encore plus globalement une personne sociale, avec des rôles, des intérêts, des motivations, des valeurs, des attentes, une histoire et un devenir. L'évocation du sujet dans ses différentes dimensions permet d'introduire le troisième principe qui réunit les préoccupations précédentes.

L'APPRENTISSAGE S'EXPRIME DANS DES OBJECTIFS ET DES CRITÈRES DE FORMATION PLUS GLOBAUX

On vient de le voir, lorsque le sujet se construit, lorsqu'il apprend, il apprend non seulement des concepts, des notions, mais il apprend aussi à construire ses outils cognitifs, à les gérer, il élabore des « représentations » et il construit son identité personnelle et sociale.

Les apprentissages spécifiques et partiels dans une discipline vont alors prendre leur sens en référence à des objectifs de formation plus globaux, plus larges : transformer ces objectifs en *critères globaux de la formation* et les faire travailler aux formés pendant la formation. C'est faire travailler *le projet de formation* du formé et lui permettre d'accroître ses capacités d'adaptation dans ses interactions avec l'environnement, mais également en perspective avec ses interactions futures. L'objet même de la formation se trouve modifié, il est situé en amont des objets d'apprentissage et les capacités visées s'inscrivent dans des compétences plus larges. Le motif et le moteur de la formation sont alors fondés sur une personne en ad-venir.

Les objectifs de savoir, savoir-faire, savoir-être, poursuivis par les apprentissages, seront mis en relation par le sujet avec son histoire personnelle, son organisation intellectuelle, *ses propres champs de signification*, afin qu'il construise sa connaissance pour *pouvoir devenir*. Et ceci sera possible si les apprentissages s'intègrent dans des critères de formation plus globaux qui visent l'autonomie des personnes à travers des décentrations, des mises en perspective, par la diversité des référentiels proposés. Il s'agit d'engager le sujet à articuler, à « comprendre » les nouvelles informations *avec ses champs de signification afin qu'il puisse leur donner du sens*. Chaque situation d'apprentissage doit être référée à de tels énoncés qui la dépassent, qui la mettent en perspective, elle est construite sur des complexes, elle permet de travailler sur des opérations complexes telles que la synthèse ou l'évaluation et pas seulement sur de l'analyse.

L'apprentissage ne procède pas par accumulation ou par multiplication, mais par construction progressive. L'apprenant sera donc confronté à des tâches complexes en vue de réaliser aussi des tâches complexes. Dans un souci de simplification qu'on a voulue facilitatrice, on procède ordinairement par accumulation de tâches dite simples en gageant « qu'avec le temps, la maturité... » il saura faire plus complexe (c'est qu'en fait on confond le compliqué et le complexe).

Le terme de tâche désigne généralement ce que doit faire l'individu pour répondre à un problème posé c'est « *le produit* assigné au sujet, ce qu'il doit réaliser » par exemple, réduire un texte, comparer deux manuels de lecture, un acte de soin. Ce sont aussi « les instructions ou consignes (définissant les objectifs mais aussi éventuellement certaines modalités de fonctionnement) c'est-à-dire *les conditions de réalisation de la tâche* ; la tâche, c'est le « lieu de l'activité » déployée par l'apprenant. Cette analyse de la tâche, destinée à mettre à jour un modèle de comparaison entre l'activité de l'expert et l'algorithme des procédures du sujet, s'est enrichie des travaux de Galperine [36] qui permettent de passer d'une description de la tâche aux fins d'analyse du fonctionnement du sujet à « la description de la tâche aux fins d'orientation de l'activité ». Encore faut-il que le formateur lui-même sache évaluer les tâches prescrites et le rôle de celles qu'il construit [38]. Le tableau ci-après permet de se repérer dans les tâches :

Une distribution des tâches selon trois paramètres de la situation d'acquisition.

<table>
<tr><th colspan="6">Selon le nombre de catégories de procédures en jeu</th></tr>
<tr><td colspan="3">Tâche simple :
une seule catégorie de procédures.
Analyse ou évaluation.</td><td colspan="3">Tâche complexe :
plusieurs catégories de procédures.
Synthèse → analyse et évaluation.</td></tr>
<tr><th colspan="6">Selon le rôle de la tâche dans le dispositif</th></tr>
<tr><td colspan="3">Tâche d'apprentissage, entraînement.</td><td colspan="3">Tâche de contrôle.
Vérification des acquis.</td></tr>
<tr><th colspan="6">Nature</th></tr>
<tr><td colspan="3">Selon l'action principale :
analyse, synthèse, évaluation.</td><td colspan="3">En restitution, en généralisation, en transfert, en création.</td></tr>
<tr><th colspan="6">Caractéristiques</th></tr>
<tr><td colspan="3">Analyser = Repérer -Isoler-trier-mettre dans des classes : distribuer-distinguer-localiser-remplir une grille-sérier-identifier-nommer-comparer (au sens de reconnaître ce qui est là).
Synthétiser = Combiner - refaire un tout avec des éléments épars-produire-fabriquer-traiter un ensemble-transformer-réduire-expanser-transposer.</td><td colspan="3">Variation de la situation pour une même tâche. La nature de la tâche de contrôle peut servir à qualifier le dispositif. Exemple : travailler l'asepsie en généralisation.</td></tr>
<tr><th colspan="6">Selon le type de « problème » posé</th></tr>
<tr><td colspan="2">Classe de problèmes
Le titre, l'objectif de tâche désigne la classe de problèmes.
Les classes sont emboîtées.
Exemple : « identifier les facteurs de risques d'affection respiratoire » est une sous-classe de « identifier les facteurs de risques environnementaux et culturels ».</td><td colspan="2">Situation-Problème
Un énoncé, un « sujet » à décrypter.
Les contraintes et les possibles sont à déduire.
Exemple : décrire un événement dramatique.</td><td colspan="2">Tâches notionnelles ou conceptuelles
Définition de la notion par exemples et contre-exemples.
Restituer les attributs du « concept ».
Observer et relever les régularités.
Exemple : à quoi reconnaît-on une intoxication alimentaire ?</td></tr>
</table>

Les critères globaux de la formation, les tâches complexes proposées permettent donc de favoriser des projections, des mises en relation, des synthèses, des transferts. Et c'est là le quatrième principe.

L'APPRENTISSAGE EST ÉTROITEMENT LIÉ AU TRANSFERT

Chez tous les auteurs qui se sont intéressés à l'apprentissage, Piaget, Gagné, Galperine et chez les psychologues de l'apprentissage comme Oléron, on retrouve le concept de *transfert* associé à celui d'*apprentissage,* certains les considèrent même comme synonymes. Sans entrer dans le débat, on peut cependant considérer que l'apprentissage, s'il accroît les processus d'adaptation du sujet, va lui permettre lors de situations nouvelles *d'appeler des éléments de connaissances déjà appris pour traiter ces nouvelles situations.*

De même que l'apprentissage, le transfert a surtout été étudié, depuis le conditionnement et par la psychologie cognitive, en termes d'effets et d'effets pro-actifs : marque d'un apprentissage réalisé et réussi comme un réinvestissement économique d'acquis, de procédures antérieures, voire d'algorithme de résolution dont le rôle est de permettre « une meilleure gestion des ressources cognitives en diminuant considérablement les recherches par essais-erreurs » [44].

Il y a transfert « quand les progrès obtenus au cours de l'apprentissage d'une certaine forme d'activité, entraînent une amélioration dans l'exercice ou l'acquisition d'une activité différente, plus ou moins voisine » [45]. Le sujet va donc transférer dans la nouvelle situation des acquisitions antérieures. *On parle de transfert si la situation est nouvelle, car il ne s'agit pas d'appliquer du « déjà connu », du « déjà su », mais de construire du nouveau à partir du « déjà connu ». Il y a dans la notion de transfert à la fois celle de transport (transporter d'une situation antérieure à une nouvelle situation) et celle de transformation (construire du nouveau, adapter...)*; plus précisément la notion de transfert s'exprime par ses deux versants : généralisation et transfert.

La généralisation exprime cette notion de transport d'acquis vers une situation-tâche inconnue, mais cette situation-cible peut relever d'une classe de situations déjà rencontrées, faisant appel à des opérations précédemment engagées : alors, en quelque sorte, il peut suffire de reproduire les réponses antérieures. Ce qui a un effet renforçateur de l'apprentissage concourt à une plus grande maîtrise des opérations et de leur compréhension mais ne garantit pas (et peut même induire des effets inverses) la possibilité d'agir au mieux lors d'une situation nouvelle. Le transfert-transport ne modifie pas les structures de connaissances, les schèmes, alors que le transfert-transformation altérerait, par une appropriation constructive, non seulement les structures de connaissance mais le projet d'action du formé : procédant par extension, par projections des opérations possibles.

On pourrait dire que le transfert d'acquisition peut être un bon indicateur de ce qu'un apprentissage s'est opéré et que le sujet a bien construit *sa* connaissance puisqu'il est capable d'utiliser autrement les acquisitions qu'il a faites et qu'il est capable d'élaborer des propositions jusque-là inédites. La réussite de transferts est le *« signe de la plasticité de l'individu »*, la marque d'une *« autonomie retrouvée »*, trace de l'acquisition (et donc du travail par les apprenants sur) des outils de gestion, de contrôle et d'évaluation de leurs propres activités.

Si l'on conçoit l'apprentissage comme un processus individuel d'appropriation, de changement, il apparaît alors indispensable, à travers les situations d'apprentissage construites, de conduire les personnes en formation à évaluer leurs propres apprentissages et leurs propres processus, c'est-à-dire de les conduire à des auto-évaluations qui leur faciliteront l'accès au sens de ce qu'elles font et qui favoriseront les régulations nécessaires. Le formateur, le cadre est un *« passeur »* [46], car il est médiateur entre les variables de l'individu et les variables de la situation : *« il travaille à son inutilité »*.

12

Questionner les apprentissages professionnels

L'apprentissage dans le sens commun concerne généralement les élèves, et les situations que la recherche interroge sont des situations scolaires. Il existe aussi des situations de formation dite continue qui ne sont pas toujours aussi éloignées qu'on le voudrait des situations scolaires. Enfin, nous devons ici envisager l'apprentissage des adultes dans des situations encore particulières, ce sont les situations de formation dans le cadre de la formation professionnelle. C'est dire la variété des pratiques de formation développées ici et là : exemplifier chacun des modèles de l'apprentissage qu'on peut se forger risquerait alors de verser dans la caricature ou l'accusation abusive et gratuite de pratiques parce qu'elles ne relèveraient pas exclusivement d'un modèle ou d'un autre.

Ce livre veut favoriser le questionnement des cadres en formation professionnelle par alternance [47], notamment celui des cadres infirmiers.

Aussi, à partir des références et des principes développés ci-dessus et pour inciter encore à une réflexion sur les théories de l'apprentissage, nous nous sommes emparés du « programme des études conduisant au diplôme d'État d'infirmier », et plus particulièrement des « principes pédagogiques » et nous avons relié ces « instructions » aux modèles théoriques *par des questions*. Nous ne saurions trop engager tout formateur et tout cadre en formation infirmière au même exercice. Ces questions peuvent servir à travailler, interpréter et réorganiser un programme, un dispositif ou un vécu de formation, seul ou en équipe.

Nous sont apparues dix séries de questions pour s'approprier ce texte officiel :

1. Comment un cadre infirmier peut-il définir la place de l'activité créatrice et les facultés d'adaptation, en situation de formation ? Puisque partenariat privilégié il y a avec l'Université et notamment avec les sciences de l'éducation, en quoi les théories et modèles des sciences de l'éducation lui sont-ils utiles, dans sa formation, dans l'exercice de sa profession ?

2. De quel projet s'agit-il dans ce texte officiel ? Quelle est la place du projet personnel dans l'apprentissage du métier ? Apprendre relève-t-il du projet personnel ? Quelle est la responsabilisation accordée à l'étudiant, outre celle relevant du droit : quelle prise d'initiative et de responsabilité peut-il s'aménager ou s'octroyer dans la formation ?

3. Quels sont les apports des sciences humaines pouvant contribuer à une meilleure relation entre soignant et soigné ? Quelle est la nature du travail à engager ici ? Épistémologique ? Didactique ? Évaluative ?

4. Quelles sont les articulations entre théories et pratiques qui prennent en compte le parcours, le projet personnel et le projet professionnel de l'étudiant ? Quelle est la coordination de la formation entre l'Institut de formation et les stages de formation en hôpitaux ?

5. La pédagogie par les objectifs permet-elle d'apprendre ? Outre la cohérence, quelle est la pertinence possible entre les pratiques professionnelles et les objectifs de formation ? Quel type de chercheurs vise à permettre une telle formation ?

6. Apprendre est-il synonyme seulement d'intégration ?

7. Peut-on confondre connaissance et savoirs, dans le champ des pratiques infirmières ? Comment s'articule une dynamique du projet de formation fondée sur la progression et le renforcement des connaissances : le projet porte-t-il seulement sur les contenus de formation ? Sont-ils à renforcer ou à modifier ? Quelles tâches d'apprentissage permettent de réactualiser les différentes connaissances ?

8. La didactique met l'accent sur les contenus; quel modèle de l'apprentissage favoriserait le questionnement du formé ? Quel est le statut attribué aux contenus à questionner ? Y a-t-il un lien possible entre acquérir et avoir des références ?

►

9. Quelle est la culture nécessaire ici pour permettre l'actualisation du programme de formation ? Quels sont les partenaires de l'institution qui peuvent permettre une régulation qui ne se réduise pas à une conformisation au prévisible ?

10. Qui est formateur dans l'institution ? Avec qui peut-on apprendre ?

Ces questions vont permettre un autre regard pour l'apprendre à partir des pratiques sociales de formation par alternance. L'apprentissage peut être conçu dans un *projet* de formation à la fois personnelle et professionnelle, dans un projet d'évaluation à la fois institutionnelle et personnelle, dans un projet d'intégration mais aussi d'améliorations et d'évolution des pratiques par la régulation.

III

SE DONNER UN PROJET D'APPRENTISSAGE

INTRODUCTION

Si apprendre passe par *faire des liens*, alors il est nécessaire de s'y préparer. Mettre les chances de son côté, prendre une attitude qui favorise la réussite de la formation, c'est *se gouverner* de telle manière qu'une fonction nouvelle devienne possible. C'est mettre en perspective les éléments nouveaux que vous rencontrez avec ceux qui vous constituaient déjà. Cette mise en liens, cette mise en perspective est un travail que personne ne peut faire à la place de celui qui apprend. Cette partie se propose de faciliter ce travail en permettant à l'étudiant futur cadre de se tenir dans les situations qu'il rencontre dans la formation, d'en *jouer*.

Il s'agit de vous questionner pour que vous puissiez *habiter* votre projet. C'est pourquoi vous allez être interpellé directement à chaque fois qu'apparaîtront le signe ☛ et un encadré.

13

Quelques préalables, se mettre en état d'apprentissage

SE FORMER PAR ALTERNANCE, SE CONSTRUIRE DES REPÈRES

La formation professionnelle s'est depuis longtemps intéressée aux liens entre «théorie» et «pratique». Elle a pour cela inventé *la formation par alternance.* L'acquisition des savoirs, savoir-faire et savoir-être professionnels serait facilitée par l'articulation entre l'École, l'Institut ou l'Université et le terrain. On pense trop souvent que, de ces deux lieux, le premier serait celui de l'apprentissage de la théorie, le second celui de l'apprentissage par l'expérience de la pratique ou de l'apprentissage «expérientiel».

Le va-et-vient qui transporte le sujet d'un lieu à l'autre, la simple juxtaposition des temps de l'expérience et de la transmission du savoir ne suffisent pas à l'apprentissage. On peut disqualifier ce fonctionnement «de fausse alternance» [48], signifiant par là qu'il existe une forme d'alternance où *le lien entre l'expérience de la pratique et la constitution de la théorie construit le sens, dans un double processus d'implication et de distanciation.* La formation, c'est l'articulation de ce qui se fait dans l'école avec ce qui se fait dans le terrain [49].

Quels liens, entre pratique et théorie ? Répondre à cette question conduit à l'explicitation de la fonction de la théorie et du modèle comme articulation, dans le processus de connaissance.

De la théorie, l'apprenant en formation ne peut déduire des pratiques. Inversement, la pratique n'est pas le lieu de constitution de la théorie. *Théoriser des pratiques est une illusion*, la pratique à elle seule ne produit pas de théorie. La théorie sert à la compréhension des pratiques comme la carte peut servir à la compréhension du territoire qu'elle représente, mais la carte n'est pas le territoire. Représenter le terrain, c'est d'abord choisir un point de vue. Et ce point de vue n'est pas indépendant du projet de celui qui l'élabore. Le géologue, le démographe, l'urbaniste, l'agronome ne construiront pas la même image du même territoire. Comprendre suppose de faire des liens, la théorie n'est pas un simple patron qu'il suffirait d'appliquer sur le terrain, comme le patron de couture, il n'est jamais une représentation à l'analogue du terrain.

Ne se donner qu'un seul point de vue, c'est-à-dire un seul référentiel théorique pour construire des repères, c'est s'empêcher de connaître la situation que je souhaite comprendre [3].

Depuis chaque point de vue, il est possible d'éclairer une facette du phénomène, laissant dans l'ombre les autres. En multipliant les points de vue, j'ai quelque chance de voir les faisceaux lumineux se superposer, se croiser, et ainsi de mettre en relief et en creux des aspects du phénomène en ces lieux et tout autour. Cette approche, qu'on peut qualifier de «pluriréférentielle», est pertinente au projet d'élaboration des connaissances *sur les pratiques sociales qui sont, elles, polymorphes*. Il ne faudrait pas en conclure que les référentiels permettent de saisir la totalité de l'objet pratique. C'est la limite de la métaphore optique. L'objet n'est pas seulement vu, il est vécu, il évolue en même temps qu'on le conçoit. Les référentiels construisent l'objet sans fin, parce qu'ils construisent aussi le sujet que vous êtes.

☛ Êtes-vous prêt à considérer la théorie comme ce qui sert à construire des repères, des références ? Les éléments de repérage servent-ils pour vous à construire des connaissances à propos des phénomènes, des situations ? Ces connaissances à leur tour alimenteront la théorie.

Il en résulte qu'il n'y a pas des lieux de la théorie qui se distingueraient radicalement des lieux de la pratique. La théorie n'est pas réservée à l'école, la pratique au terrain. Si votre projet est de comprendre, théories et pratiques vont s'articuler dans la formation en alternance par les repères que vous allez vous construire dans l'ensemble de la formation.

ÊTRE EN APPRENTISSAGE, ÊTRE « MOTIVÉ »

Apprendre, c'est chercher à comprendre, à prendre avec soi : apprendre n'est pas seulement savoir. Alors on ne peut croire qu'il faudrait d'abord être motivé pour pouvoir apprendre. Or on sait que la motivation existe quand l'acte est finalisé par *un projet*, donc porté par un désir (pour se faire plaisir). On n'a pas d'abord le projet et le désir et ensuite un acte où ils s'investissent : projet et désir sont en actes. La motivation vient avec l'apprentissage, c'est parce que j'apprends que j'ai envie d'apprendre et c'est aussi, en même temps, parce que j'ai envie de faire quelque chose de ce que j'apprends. Ce que j'apprends prend *du sens* pour moi dans ce que j'en veux faire.

C'est en apprenant qu'on se « motive », c'est parce qu'on se motive qu'on apprend. C'est une *récursivité** [50]. On dira, par exemple, que la motivation et l'apprentissage sont en récursivité quand on conçoit que *les effets* que l'un de ces éléments produit (le désir d'apprendre encore et le plaisir d'apprendre) servent, en même temps que se produisent ces effets, à produire *leur cause*. Le principe de causalité chronologique est abandonné au profit du principe de causalité circulaire *en synchronie. La motivation n'est pas un préalable, un prérequis, une condition nécessaire, une cause de l'apprentissage.*

> ☛ Si vous allez en formation, c'est parce que vous en voulez faire quelque chose, l'acquisition est donc bien finalisée par votre projet, portée par un désir. Cherchez donc lequel et puis appuyez-vous sur votre désir de changement, faites-lui confiance. L'envie d'en savoir davantage (ce qu'on appelle la connaissance), c'est la motivation dans l'apprentissage, cet appétit de comprendre.

ÊTRE EN PROJET ET NON PAS « AVOIR UN PROJET »

Celui qui organise l'apprentissage des autres attend souvent de ceux qui apprennent qu'ils fassent des efforts car on affecte encore au travail l'ennui, la peine. Ce n'est pas une fatalité. Mais il faut alors se permettre de *faire des rapprochements entre le savoir qu'on rencontre et le projet qu'on porte*. Quand l'apprentissage est mis en perspective avec l'élaboration du projet professionnel, on se met dans une posture telle que l'effort qu'on fait pour comprendre n'est pas ressenti comme une peine. Le temps passé à s'approprier des savoirs, des théories, des modèles ne coûte rien parce qu'ils sont des repères pour construire la façon d'être sur le terrain, d'être au monde. Les savoirs deviennent utiles pour tenir dans les fluctuations de la pratique. S'interroger sur la pertinence (même indirecte) des savoirs théoriques qu'on rencontre avec le projet qu'on est en train de monter, de faire germer, est de la responsabilité du professionnel qui va en formation pour se donner les références qui lui permettront d'inventer sa profession.

> ☛ L'apprentissage dépend du projet qu'on porte. Les théories explicatives de l'apprentissage font partie des critères* à partir desquels on élabore son projet de professionnel de cadre. Ne perdez pas de vue votre « projet professionnel », sauf si, comme le pain, vous le laissez sciemment « reposer » pour qu'il lève.
>
> La germination est un processus du projet. Ne vous laissez pas mettre en situation d'urgence, décidez de vos priorités.

L'APPRENTISSAGE EST FONCTION DU PROJET PERSONNEL DE L'APPRENANT

On n'est pas libre, quand on apprend. Être en apprentissage, c'est accepter d'être régi aussi par les savoirs qu'on découvre et par le temps de la formation et par les autres, par le responsable institutionnel (le formateur, le garant de l'apprentissage). La situation d'apprentissage n'est jamais une situation de liberté naïve ou béate.

La situation est aménagée par l'ensemble des acteurs de la formation. Celui qui apprend n'est pas l'objet du dispositif d'apprentissage prévu par le formateur — ou alors c'est une victime dite consentante, c'est *un jeu*. C'est le formé qui fait marcher la machine et, s'il croit qu'il y a machination, il risque de ne rien apprendre. Il n'est pas libre, il est bien dépendant de la situation organisée par d'autres, des conditions de l'apprentissage, mais il participe, lui qui apprend, à l'appareil délicat de la formation.

En somme, l'élaboration d'un dispositif d'éducation favorisant l'apprentissage ne peut faire l'économie d'une conception explicite de l'apprentissage qui se construit à partir des modèles et des théories. Cependant, l'apprentissage, lui-même entendu comme processus personnel, est dépendant des situations nécessairement évolutives qui sont à la fois déterminées par le dispositif mais aussi des interactions, fonction du projet personnel de l'apprenant. Aucun dispositif de formation ne peut, quelle que soit la solidité de ses fondements théoriques, permettre les apprentissage si l'apprenant n'est pas partie prenante de la situation.

☛ Vous dépendez de la situation d'apprentissage. Mais ce n'est pas nécessairement de l'ordre de la manipulation, personne n'est derrière la situation en train de tirer des ficelles de la marionnette que vous seriez. Le formateur, le responsable de l'apprentissage est aussi dans la situation et il la subit (et d'ailleurs, il y apprend des choses, lui aussi). Fantasmer le formateur comme détenteur du pouvoir, c'est oublier que sans le formé il n'existe pas : il n'a que le pouvoir que vous lui prêtez. Faites-lui crédit, il en a besoin. Un formateur a toujours son compte à découvert. Pensez-y quand vous serez cadre, quand il vous faudra, vous aussi, travailler à votre inutilité.

Le cadre est aussi agent dans le service, dépendant de la situation, conditionné par un dispositif, mais il y est aussi acteur à part entière. Vous avez votre rôle à tenir, comme en formation. Vous êtes, de plus, à l'origine de ce qui se passe, *l'auteur de votre apprentissage*. Mettez-vous en position de vous modifier. Interrogez-vous sur la pertinence des savoirs qu'on vous fait rencontrer. On ne vous apprend rien en fait, tout au plus vous donne-t-on de quoi alimenter votre processus d'apprentissage. Ce projet que vous portez détermine l'intérêt que vous trouverez dans la situation.

*APPRENDRE : UNE « VISION DU MONDE »**

Si apprendre c'est changer dans la durée, comprendre l'apprentissage, c'est comprendre son rapport avec différents environnements dans le temps, avec son expérience au monde. Les théories qui décrivent les lois et les mécanismes de l'apprentissage prennent en considération l'évolution du sujet dans le temps (voir par exemple les stades du développement cognitif de l'enfant chez Piaget). Ce temps chronologique est celui des calendriers ; il rend assez peu compte de *l'expérience singulière de la personne* dans son rapport au temps. Le changement n'est pas seulement évolution, linéaire et programmée, il est aussi temps vécu, lié à l'expérience individuelle et collective, enracinée dans la culture. Il définit la relation du sujet au monde, du sujet à l'autre. Les théories peuvent expliquer des phénomènes mais elles sont elles-mêmes quelque peu inspirées d'une « vision du monde » lorsqu'elles tentent de modéliser à partir de l'expérience vécue.

Le changement peut se comprendre à partir de l'activité intentionnelle du sujet mais aussi comme évolution lente, *maturation sur la longue durée* qui détermine quelque peut le devenir du sujet dans le monde.

Dans ce cas, le changement accompagne les âges de la vie, il est lié au temps cosmologique. C'est le temps de Chronos qui s'écoule ou se déroule faisant succéder des âges, des ères, des périodes, de cycles, des temps historiques peuplés d'actions et d'événements par lesquels s'échangent et se transforment les univers. De ce point de vue *on ne peut pas ne pas changer* parce que « ça » change de tout façon. Si l'apprentissage c'est « vivre » avec le changement, alors on ne peut pas ne pas apprendre. L'apprentissage devient adaptation au changement consubstantiel au développement humain, entendu tout autant du point de vue de l'histoire de l'espèce humaine que du point de vue de l'histoire singulière du sujet. Par un étrange retournement sémantique, on peut dire que le sujet comme individu dans le monde « est appris » autant qu'il apprend.

La temporalité comme conscience du temps qui passe et comme durée vécue constitue le socle de l'apprentissage. L'expérience humaine inscrite dans le temps a la propriété de construire, de transformer les espaces, de modeler et de façonner l'environnement humain. Ainsi l'homme cultive, organise des paysages qui, bien que paraissant naturels, soumis au lois de la lente évolution, sont toujours des construits humains. L'homme échange des produits, laisse des traces de son passage dans le temps, sous forme d'œuvres. L'apprentissage n'est plus seulement une nécessité imposée par la maturation de l'homme dans le temps qui passe mais il s'inscrit dans une Histoire, une culture. Le changement est alors une production de l'activité humaine qui s'inscrit dans des systèmes de valeurs, des façons d'être au monde, qui résulte de l'activité créatrice de l'homme. L'apprentissage est alors création de forme nouvelle (d'où la notion de formation comme changement) autant qu'adaptation aux changement compris comme évolution naturelle.

☛ Si vous apprenez pour changer et si vous tenez ensemble ces deux conceptions du changement, vous comprendrez mieux en quoi et pourquoi l'apprentissage vise l'adaptation au monde et fait, en même temps, œuvre de création dans le monde. Abordez les théories avec l'idée qu'elles peuvent donner certaines explications sur le fonctionnement de l'expérience humaine mais qu'elles sont elles-mêmes une création changeante de cette expérience. Revisitez votre double relation au temps et à la durée. *Changer est le mode ordinaire de l'humain. La formation ne fait qu'accélérer le changement.*

14

Un autre regard pour apprendre en formation

RÉALISER QU'ON TRAVAILLE DANS UNE INSTITUTION

L'apprentissage dont nous nous préoccupons se déroule forcément dans une institution. Un formateur, un cadre n'a jamais à faire à l'apprentissage en général, il s'intéresse à des sujets inscrits et construisant des organisations, des systèmes politiques, sociaux, des institutions qui affichent parfois qu'elles sont là pour faire apprendre. L'Éducation nationale est le prototype de ce genre d'institution.

L'institution est une donnée de départ, fondamentale qui va formater toute la situation d'apprentissage. *L'institution n'est pas seulement un cadre, elle est dans les têtes.* Les théories psychologiques de l'apprendre se soucient peu de l'institution, elles survalorisent l'individu comme sujet sans prendre en considération la part d'assujettissement. Avoir affaire à des apprentissages, c'est-à-dire à de l'apprendre dans une institution, c'est être dans une situation particulière où *certaines conditions de réalisation sont imposées.* On n'a pas tout le temps qu'on veut, on n'a pas n'importe quel temps.

Dans une institution, on travaille avec des personnes historiquement et socialement situées, impliquées dans un projet de réussite, dans un projet à réussir qui fournit des ressources et impose des contraintes à l'apprenant. On est dans le cadre très précis des apprentissages provoqués ou délibérés.

A ce titre, les apprentissages auxquels nous nous intéressons sont tous des apprentissages qui relèvent plus ou moins du conditionnement. On peut avancer qu'il n'y a pas d'apprentissage socialement pertinents sans une certaine forme de conditionnement répondant à la nécessité d'adaptation. Mais il n'y a pas non plus d'apprentissages possibles si ce qui est appris n'est pas *signifiant* pour le sujet, s'il ne le constitue pas comme *auteur*, comme étant à l'origine de ses propres actes, comme susceptible d'agir et de transformer son milieu, son environnement.

On attend du formateur et du cadre qu'ils inventent des dispositifs, initient des situations rendant possibles des apprentissages précis, communicables, liés à une tradition, institués. *Le formateur comme le formé sont soumis à une politique de formation* qui oriente un projet éducatif préconisé, auquel le formateur est sommé « d'adhérer ».

L'institution, la provocation des réactions de celui qui apprend et la politique de formation sont trois paramètres qui incitent à ne pas réserver l'explication du processus de l'apprendre au domaine de la psychologie ou de la psychologie sociale (à l'influence du social sur la psychologie du sujet apprenant). L'analyse institutionnelle, la philosophie politique, voire l'ethnologie aussi bien que l'éthologie sont aussi des points de vue de référence pour comprendre l'apprentissage dans une approche pluriréférentielle*.

Le formateur et le cadre doivent dérouler leur projet d'éducation dans des situations où agissent un certain nombre de *surnormes*.

Quatre surnormes paraissent fondamentales parce que le formateur doit se battre avec elles :

– *la commande institutionnelle* (l'ensemble des textes officiels en est un indicateur) ;

– *les référents disciplinaires* (régissant le corps des contenus de la formation) ;

– *les modèles et les théories* que l'éducateur utilise : sa culture ;

– *l'inscription paradigmatique* ; le paradigme préférentiel dans lequel nous aimons nous situer : plutôt dans le rationnel ou dans l'analogique, du côté du chiffre ou du poème.

> ☛ Faites le point sur votre vision de l'institution dans laquelle vous êtes en train de fonctionner. N'ayez pas honte d'avoir à son égard *des sentiments ambigus ou ambivalents*. Ce qui serait inquiétant, c'est que l'institution soit pour vous ou toute bonne (la mère nourricière) ou toute mauvaise (le père imposant sa loi).

►

Identifiez la commande institutionnelle qui vous est faite, essayez de la travailler pour repérer le type de cadre qu'on vous présente comme valide. Discutez à partir de vos références théoriques.

Identifiez dans la formation et dans le métier l'importance des contenus, des notions, des savoirs. A quelles disciplines êtes-vous comme par nature réfractaire ? Demandez-vous ce qui dans votre histoire peut avoir contribué à ce ralentissement de votre envie d'apprendre.

Identifiez dans quel paradigme (ou rationaliste ou holiste) vous avez tendance à vous situer. Êtes-vous plutôt gestionnaire ou plutôt relationnel ? Essayez de ne pas vous aveugler sur le paradigme que vous ne survalorisez pas. La pratique s'en trouvera enrichie.

APPRENTISSAGE ET POSTURE DU PROFESSIONNEL

L'apprentissage est facilité quand on accepte de travailler sa posture*. La notion *de posture* implique l'idée d'équilibre instable, d'effort, de travail en cours, dans la durée [51].

La formation est l'occasion de préparer sa posture professionnelle. Les théories de l'Apprendre et les problématiques d'apprentissage sont des moyens parmi d'autres, de recombiner son *référent,* l'ensemble des savoirs et des principes auquel on se rapporte pour lire les situations, pour agir. *S'interroger sur sa posture de professionnel est l'essentiel de la formation : c'est l'objet d'apprentissage.* La formation professionnelle ne consiste pas seulement à acquérir des savoirs mais à se questionner sur soi, à se donner un projet. Ce qui ne signifie pas démultiplier les dimensions, les aspects de l'apprendre pour ajouter une nouvelle théorie aux entrées possibles pour parler de l'apprentissage.

☛ Il s'agit de déployer l'ensemble des références dont vous disposez dans une perspective plus large où vous serez considéré (et vous vous considérerez) comme *un tout, un et multiple; un sujet cognitif, en développement, mais aussi un sujet historique*, intentionnel. Prenez *la posture de l'apprenant* : une personne dans l'histoire de ses expériences du monde et des autres, non plus objet mais sujet en projet.

APPRENTISSAGE ET QUÊTE DE SON PROJET

Le projet est une notion floue qui résiste à toute catégorisation [52]. Son emploi quasi inflationniste pour désigner indifféremment une velléité d'action dans le champ des pratiques individuelles et sociales, le résultat de cette action, les mobiles, motifs et intentions qui orientent cette action, les stratégies, moyens et méthodes permettant la réalisation ... témoignent de cette pluralité de significations [53].

La notion est difficile à cerner. Dans le lexique de la pratique, il est employé pour signifier des objectifs d'action, des finalités, des intentions, l'intentionnalité du sujet, un désir, des buts, des besoins... Le langage ordinaire en fait le complément d'actions diverses qui rendent compte de la variété des opérations qu'il met en jeu : élaborer, faire, dire, écrire, concevoir, réaliser, penser un projet. On s'est essayé ici et là à proposer des typologies de projets (individuel, collectif, technique, existentiel etc.) qui se répartiraient en niveaux (projets des âges de la vie, d'objets, d'actions, d'organisation, de société...) [54]. Mais, dans cet écheveau qui croise des niveaux, des variétés, des types, la notion de projet n'en reste pas moins opaque et hostile à toute définition simple et persiste à servir de creuset fertile à des injonctions paradoxales qui vont jusqu'à en faire un outil privilégié du contrôle dans la formation et plus généralement dans le champ des pratiques sociales : dire ou écrire son projet est trop souvent le support de la sélection pour une admission dans tel ou tel cursus de formation.

La distinction entre *projet programmatique* et *projet-visées,* et leur articulation dialectique dans un lien de pertinence* [55], paraît plus directement féconde, au moins pour éviter des confusions. L'orientation philosophique ou politique (les « visées ») accompagne la traduction stratégique, opératoire dans l'action (les actions de projet). Le projet-visées relève de la vision du monde du sujet ou du groupe en projet. Les valeurs comme objet d'une quête dans l'action et la mise en jeu de l'historicité du sujet permettent de concevoir le projet d'un point de vue phénoménologique comme un processus irrémédiablement associé à l'idée même de l'humain.

Le projet est ainsi pensé comme un processus [56, 57], ce qui rend impossible la maîtrise du projet de l'autre, parce que l'autre est toujours dans l'opacité de son rapport personnel au monde.

Le projet comme processus de la personne (être en projet) fait ici directement référence à l'intentionnalité au sens de la phénoménologie [58] et qu'il faut nettement distinguer de l'intention.

Chez Husserl, l'intentionnalité relie la conscience à « mon » monde, alors que l'intention c'est la sensation du vouloir, la volonté libre, consciente, d'un sujet tout-puissant. L'intention est volonté d'agir en énonçant la finalité de l'action confondue avec une fin, un objectif, un but. L'intention est toujours fonctionnelle : c'est le sens des expressions comme « démarche de projet », d'une « gestion par projet », « l'outil projet ».

L'intention suppose l'idée d'un achèvement, d'un espace à combler, d'un horizon toujours perceptible qui dessine la silhouette d'un paysage peuplé d'objets. L'intention est assimilable à la finalisation où à l'autopréfinalisation d'un système (partie II, p. 67). L'intention est dans l'illusion de la maîtrise des autres et des situations.

Alors que l'intentionnalité considère le sujet en quête du sens de son *« être au monde »* et pense la finalité elle-même comme objet de la quête qui sans cesse se dérobe au sens. Le sens ici ne se « saisit » pas, il se cherche.

En formation, il est posé des projets dans ces deux conceptions : certains permettent au sujet d'agir dans une direction construite dans l'interprétation des prescriptions légales et institutionnelles, ils sont « opérationnels » ou désirés comme tels. C'est alors le professionnel dans la figure de l'acteur [59] qui se mobilise au travers de ce projet-intention. C'est un projet pour faire quelque chose de plus ou moins clair, prévu et contrôlable : c'est le projet qui veut faire la preuve de la professionnalité ou du professionnalisme.

Alors que *intentionnalité* renvoie à l'idée que ce n'est plus l'action elle-même qui finalise mais *le sens de celle-ci pour le sujet* et, au-delà, la question qu'il se pose du sens de sa présence au monde. La finalité ne se sédimente plus dans l'objet à atteindre comme fin actualisable, réalisable, contrôlable, mais elle est la quête elle-même. A l'horizon toujours changeant, brouillé et flou mais demeurant *visible* de l'intention, l'intentionnalité substitue l'inachèvement nécessaire dans le manque, lequel n'est pas le défaut ou la défaillance d'un objet toujours convocable ou imaginable, mais bien la conscience de cet objet perçu comme une quête toujours inachevée. C'est le projet de professionnalisation. Il est à souhaiter que la formation professionnelle ne s'arrête pas à imposer/convaincre d'avoir des projets-intention.

Car en somme, tout projet, quelle que soit la nature de l'intention énoncée, est une forme d'actualisation du projet de connaissance de soi, et de soi dans le monde. Le concept d'intentionnalité met en relief l'idée que tout objet que le sujet fait advenir dans son monde comme objet de désir et de connaissance ne peut apparaître que conjointement à la question de son sens. De ce point de vue, il n'est pas de projet qui ne débouche sur une interprétation, ce qui autorise à concevoir métaphoriquement le projet comme un texte [60]. C'est-à-dire une configuration du monde, de l'expérience du sujet au monde par son actualisation langagière dans la parole ou dans l'écrit. En ce sens, le projet, dans son lien avec l'intentionnalité, est toujours du domaine du « comme si », de la quasi-fiction et ne brise jamais ses liens avec l'imaginaire et l'inconscient.

Puisque l'humain se caractérise par son historicité, l'homme est jeté dans le temps et son devenir s'inscrit dans une histoire. En somme, l'intrigue qui structure l'élaboration du projet est la préoccupation qui enjoint à l'homme la nécessité d'être avant d'avoir été. Cette aporie, cette impossibilité logique, est bien au cœur du processus de formation, particulièrement lorsqu'il s'agit de formation professionnelle. En somme, *si la vie est un livre et si le monde se lit comme un livre, la formation est le lieu et le temps de sa conception, de son écriture*. Le projet dans la formation peut alors être considéré comme un texte en train de s'écrire. *Mais c'est un texte parmi d'autres qui restent à écrire, dans l'effort d'élaboration d'une quête toujours inachevée.*

Le projet ne donne pas son sens dans les actions qu'il permet de réaliser ou de faire fonctionner, mais il le déploie à la surface et dans la profondeur d'une œuvre personnelle en train de s'élaborer, comme quête tragique de l'énigme de l'être au monde qui la fonde. Le projet lié à l'intentionnalité se conjugue au singulier. Il désigne la personne comme sujet singulier, dans son pouvoir de se détacher du soi et de « se » configurer « son être au monde ».

☛ Le projet, pris dans ce sens de la compréhension de soi face au texte-monde, de la projection de soi dans l'univers ouvert par le texte, configure votre expérience du monde et avec les objets du monde. Cette projection de vous-même dans le texte vous situe comme personne dans la posture de l'auteur [31] : comme producteur du texte et comme sujet à l'origine de ses actes, qui assume la quête du sens, toujours à recommencer. *Mettez-vous en posture d'être auteur de votre projet, commencez un travail sur vous-même* afin que les situations de formation deviennent, pour vous, des situations d'apprentissage.

Votre projet de formation, le projet professionnel comme le projet d'apprentissage, est à comprendre au-delà des prévisions, des planifications de buts, d'objectifs. Considérez votre projet ►

comme l'expression d'un manque, comme l'entrée dans le doute *qu'aucun modèle, aucune théorie ne peut venir définitivement combler.* Ainsi l'apprentissage en formation restera un de vos processus et ne sera pas maîtrisable par le formateur. C'est sans doute le travail sur cet impossible de la maîtrise (assimilable à celui du travail du deuil) qui incitera le formateur à se préoccuper plus de son propre projet que d'orienter, de diriger, de contrôler le vôtre.

CONCEPTUALISER, ARTICULER L'EXPÉRIENCE AU LANGAGE

L'apprentissage peut s'entendre comme la compréhension que construit le sujet de son environnement, du monde et des objets du monde qu'il côtoie.

Mais le Réel, comme les faits, se dérobe à la perception et au sens et ne se prête pas aisément à l'explication. Le réel est inaudible. A chacun sa réalité. Ainsi, y aurait-il une différence entre percevoir la réalité qui situe le sujet dans l'ordre du sensible, du ressenti, et en rendre compte par le moyen du langage, rendre intelligible. Le perçu n'est pas le conçu et chacun sait qu'il ne suffit pas de voir, d'entendre ou même de vivre une situation pour la comprendre.

Pour «connaître la réalité», il est certes utile d'en avoir fait l'expérience mais plus encore de se donner des moyens de la lire, de l'interpréter, d'en construire une représentation, une image, une expression communicable, intelligible. Ces moyens, ces outils sans lesquels il ne saurait y avoir d'apprentissage, ni de possibilité d'orienter la lecture des phénomènes perçus pour les comprendre, ont pour noms théories, modèles, idées, concepts.

Apprendre, c'est alors conceptualiser et établir, construire des liens entre ce que l'on désigne généralement par la théorie d'une part et la pratique de l'autre. Ce sont des liens *possibles* entre l'expérience et le sens, à l'aide d'outils théoriques.

☛ Écrire va devenir une nécessité. *Ne vous fiez pas à ce qui vagabonde dans votre tête.* L'écriture n'est pas un simple fixateur d'idées. Écrire, c'est inventer un discours qui fait naître des idées. A condition d'écrire pour être compris.

►

Sortez de l'écriture du dimanche, celle qui consiste à répondre à une commande. *N'attendez pas qu'on vous demande de «produire» du texte, ne vous mettez pas dans la situation scolaire.* Écrivez. Faites lire. Revenez sur votre écrit en fonction des réactions de votre lecteur. L'écrit se travaille, il travaille, il vous aide à *rendre intelligible* votre projet-visées.

APPRENTISSAGE PAR LA RECHERCHE

La dynamique du projet personnel, tout comme la nécessité d'avoir recours à la théorie comme repère dans la pratique, confère un statut spécifique des savoirs dans la formation professionnelle et suppose un mode d'acquisition spécifique. L'apprentissage ne consiste plus à «consommer» des savoirs déjà constitués et judicieusement mis à disposition du formé. L'apprentissage pour le professionnel passe par *la production de savoirs*. La production de savoirs, plutôt que leur consommation, est rendue possible par deux moyens complémentaires qui structurent tout projet de formation : la formation en alternance et la formation par la recherche. Le premier communique les savoirs produits à travers des rapports de stages, le second dans et par l'élaboration du mémoire professionnel.

La recherche dont il est question ici est bien la recherche scientifique qui se distingue de la recherche-action par ses finalités. La première vise à communiquer des connaissances nouvelles dans un champ disciplinaire ou théorique, le seconde vise à innover, à «optimaliser» les pratiques et les modes de décision par la mobilisation des praticiens : c'est la recherche «praxéologique». Cependant dans le champ des pratiques sociales et de la formation à la santé, à l'enseignement, au travail social..., la recherche a toujours une dimension qu'on nomme parfois «praxéologique» en ce sens que si la recherche ne dicte pas des remèdes aux praticiens malades, elle nourrit la pratique : elle peut apporter bénéfice aux praticiens sans pour autant aboutir à des préconisations. Le chercheur n'est pas «conseilleur». *C'est la connaissance des recherches par les praticiens eux-mêmes qui peut changer les pratiques. De l'intérêt de rendre capables les praticiens de lire la recherche.*

Pour cela, le processus d'initiation à la recherche engagé en formation comporte des passages obligés.

Cette recherche professionnelle s'engage toujours à partir d'une problématisation sur les pratiques. Le formé, dans la posture du chercheur, doit s'assurer que le problème qu'il pose est bien une question pertinente et située dans l'univers de la profession. Il doit s'assurer en quoi et comment elle interroge les pratiques. Cependant le processus de problématisation ne se réduit à poser ou à repérer un ou des problèmes à résoudre, même si un dysfonctionnement dans un service de soins par exemple peut être le point de départ de la recherche. Mais ce n'est pas en tant que difficulté à résoudre qu'on va le travailler, sinon on en arriverait à une attitude de conseilleur, de contrôleur des pratiques.

Problématiser, c'est mettre en lien les pratiques avec leurs significations pour le professionnel, pour les décideurs, pour les « clients », pour l'institution. Toute problématisation à partir des pratiques ne peut se faire que dans sa mise en lien avec les problèmes théoriques. L'extension de l'objet de départ pris dans les pratiques jusqu'à une problématisation théorique constitue aussi un passage obligé du processus de recherche. Il s'agira alors de convoquer et de travailler les concepts, les modèles théoriques qui interrogent les pratiques et permettent de s'en distancier pour construire un objet et des questions de recherche. Problématisations et modélisations constituent un préalable pour aboutir à une nécessaire recherche de terrain qui recueille ses données, construit ses résultats dans des pratiques sociales effectives à l'aide de méthodologies pertinentes aux questions posées, aux théorisations développées et débouchant sur des méthodes d'investigation justifiées... Ces trois problématisations (pratique - théorique - de terrain) ne constituent pas l'algorithme* de toute recherche, elles sont complémentaires et jouent ensemble.

Il n'y a donc aucun ordre prescrit pour les effectuer, l'entrée dans le processus de recherche peut se faire par chacune d'elles, indifféremment. Il faut donc distinguer le processus vécu par le chercheur fait de remises en question permanentes, de constructions provisoires questionnant l'objet, du processus de mise en texte, de l'écriture du mémoire qui, lui, obéit à une logique d'exposition, selon un plan, un déroulement qui n'est pas forcément le compte rendu du déroulement de la recherche. Cette élaboration écrite du mémoire oblige le chercheur à se donner des échéances de production qui sont importantes pour l'apprentissage, à la fois dans le recours à l'écriture mais aussi parce qu'elle oblige à se distancier du processus de recherche lui-même et à apprendre de son expérience soumise à l'évaluation d'un lecteur potentiel.

☛ Vous faites le point sur *les idées reçues que vous avez de la recherche*. Quelle image vous faites-vous du travail du chercheur ? Avant de lire des mémoires professionnels d'autres étudiants, lisez un texte de recherche. Essayez de voir en quoi ce texte-là diffère de ce qui vient d'être dit. Parlez-en. Soyez attentif à ce qu'on nomme ordinairement « la méthodologie ». *N'espérez pas que la méthode employée suffise à rendre votre texte scientifique*. Faire une recherche et produire un texte de recherche ne se limitent pas à employer correctement tel outil ou telle technique. Essayez de vous repérer dans les méthodes existantes. N'oubliez pas le faisable. Écrire un mémoire professionnel n'est pas avoir à sa disposition le temps (ni la maîtrise de tous les outils) d'une recherche scientifique.

APPRENTISSAGE ET ÉVALUATION : LE TRAVAIL DES VALEURS

Apprentissage et évaluation sont en relation étroite. Il faudrait un autre livre pour explorer la pluralité de ces liens. Mais d'ores et déjà on peut poser que s'intéresser à l'un engage à considérer l'autre. *L'évaluation, fonction du projet d'apprentissage* ou *l'apprentissage, fonction du projet d'évaluation* ? Le terme pivot est bien celui de projet, où l'on peut retrouver celui de *processus* pour l'apprentissage et pour l'évaluation. Les modèles de l'évaluation développés jusqu'à ce jour suivent un chemin épistémologique que l'on peut rapprocher de celui des théories de l'apprentissage : du côté de la mécanique puis du côté de l'entendement humain.

L'évaluation, c'est d'abord le rapport aux valeurs. Toute autre définition de l'évaluation est une définition d'école, inscrite dans un courant de l'évaluation. A partir du moment où on définit quel est le rapport aux valeurs, on entre dans un modèle d'évaluation [11]. Dans le contrôle, le rapport aux valeurs est tout autre que dans le reste de l'évaluation. L'évaluation qui ne se confond pas avec le contrôle comporte deux versants contradictoires, opposés, symétriques, antagonistes : la vérification d'un sens donné et l'interprétation d'un sens cherché. C'est-à-dire le contrôle d'une part et cet autre versant d'autre part qui est beaucoup plus difficile à définir et qu'on désignera par « le reste », ce qui permet d'en rester à des choses vagues parce qu'elles doivent rester vagues : autant le contrôle a besoin d'être précisé, instrumenté, clarifié, car le contrôle vise à la transparence, autant le reste n'a pas besoin de transparence et se fait dans l'ambiguïté, l'opacité des rapports humains.

Les valeurs sont aussi bien dans le contrôle que dans l'ensemble de l'évaluation. Mais, dans le contrôle, les valeurs se font passer pour des normes, des étalons, des gabarits. Dans le contrôle, on dérive des valeurs les gabarits avec lesquels on mesure des objectifs, des buts dont on veut vérifier l'atteinte. Dans l'autre *logique de l'évaluation*, dans le reste, les valeurs sont manipulées, vécues, transportées par les acteurs de l'action et pas seulement par les évaluateurs institutionnels. Parler des valeurs, c'est (comme pour le projet) parler de l'évaluation, ce n'est pas faire n'importe quoi, ce n'est pas faire du militantisme, ni s'immiscer dans la vie privée. Travailler les valeurs permet d'élaborer le projet d'apprentissage.

Pourquoi s'intéresse-t-on si peu aux valeurs ? Aujourd'hui encore, dire qu'on va travailler sur les valeurs crée quelque scandale. On nous a habitués, et notamment dans la pédagogie par objectif (PPO), à croire que les valeurs relevaient du privé, relevaient du domaine hors professionnel, que les valeurs étaient constitutives de la personne et non pas de l'acteur social. On nous a habitués, avec l'histoire de la boîte noire, à croire que s'intéresser aux valeurs, c'était triturer dans la tête des gens, voire forcément essayer de les embrigader vers les valeurs que l'on porte. On prendra ici un tout autre point de vue : *travailler les valeurs, c'est travailler le processus de professionnalisation* [57].

Les valeurs sont bien à l'interface entre le professionnel et le privé. C'est justement pour cette raison qu'il faut s'en occuper, en parler, les rendre intelligibles. Notamment dans tous les métiers que Freud qualifiait « d'impossibles » et qui relèvent de l'éducation, dans la santé par exemple où les valeurs du métiers sont institutionnellement affichées. Mais sont-elles travaillées ?

Le problème est de savoir ce que l'on veut savoir ; dans une formation à la professionnalisation, si on veut que les gens se professionnalisent, alors il faut arrêter d'avoir peur de ce qu'ils ont déjà en eux. *Se professionnaliser indique forcément un travail sur soi*, quelque chose de l'ordre du processus. A la limite, on pourrait dire que se professionnaliser, c'est toute la vie professionnelle qui le fait. Il n'y a pas de moment où on est professionnalisé. La professionnalisation, ce n'est pas un état, c'est un processus inachevable qui évolue au fur et à mesure que la personne évolue dans son milieu professionnel.

Donc, se professionnaliser, c'est s'intéresser aux valeurs, mais peut être faut-il quelques précautions pour parler des valeurs. Mais qui peut faire croire aujourd'hui que former quelqu'un peut se faire sans l'atteindre, quelque part, même indirectement... Professionnaliser quelqu'un, c'est se pencher sur sa structure mentale et affective. Simplement, la garantie qu'on lui donne, c'est qu'on ne fera pas le travail à sa place : c'est lui qui réorganisera cette structure. On ne lui imposera pas une structure mais il est du devoir du formateur de faire que les autres s'interrogent sur eux-mêmes et pas seulement sur les savoirs qu'il suffirait d'engranger pour être professionnel.

Et peut-être que d'abord, il faut bien s'entendre sur ce que sont les valeurs. Là, on se heurte à un problème de taille car les valeurs ont été en fait projetées dans les finalités pédagogiques et à ce titre, elles ont été enterrées : on se contente bien souvent d'afficher le «respect de l'autre» et on croit que tout est fait. On ne sait pas trop ce que sont les valeurs. Il existe peu de littérature sur ce sujet. On doit faire preuve d'inventivité, se livrer à un bricolage. On sait qu'il n'est pas que des valeurs «philosophiques» mais aussi des valeurs «économiques» comme l'efficacité... Et que cela n'est pas sans entraîner des conflits de valeurs... Mais admettons qu'il n'y a pas de mauvaise valeurs. Les valeurs sont forcément «humanistes», il n'est pas besoin d'en avoir peur, elles sont ces liens qui nous relient, entre humains. Ce qui est laid n'est pas une valeur; la violence, le racisme ne sont pas des valeurs de notre Occident. Les valeurs dont on va parler en formation sont insérées dans notre culture. Notre culture est profondément humaniste et c'est une des dimensions avec laquelle nous fonctionnons [57].

> ☛ Demandez-vous jusqu'à quel point vous avez peur de parler des valeurs. Jusqu'à quel point vous esquivez la question de votre mise en actes des valeurs du métier. Et quelles sont les valeurs de votre métier ? Avez-vous une parole sur les valeurs ? Considérez-vous encore que les valeurs sont au-dessus des actes ? Dans un «ciel des idées pures» qui serait censé gouverner, automatiquement, ce que vous faites ? Comment agissez-vous les valeurs ? Quelle différence faites-vous entre éthique et morale ?

QUAND RÉGULER, C'EST APPRENDRE

L'évaluation n'est pas une technique mais une attitude, parce qu'elle est le rapport des personnes professionnelles aux valeurs.

Elle est présente dans le projet dès sa conception par les acteurs du projet. Ainsi conçu comme complexe, le projet peut rendre disponibles tous les modèles de l'évaluation existants. Le projet est alors une forme de l'évaluation pensée non plus comme « mesure » ou « gestion » mais comme *problématique du sens*.

Depuis bientôt trente ans, la recherche en évaluation permet d'assurer que l'évaluation n'est pas la seule mesure des acquis, l'évaluation n'est pas réductible à la vérification d'une transmission des savoirs, elle n'est pas la pratique de la notation. Autrement dit, l'évaluation n'est pas la logique de vérification, le contrôle. Elle ne se restreint pas à des moments identifiables, spécifiques appelés bilans, tests, épreuves avec des objectifs à atteindre, des notions à intégrer, des comportements à obtenir.

Si l'évaluation n'est plus aujourd'hui pensée comme un simple dispositif linéaire et chronologique (test diagnostique, contrôle intermédiaire et contrôle sommatif final [61]) entrecoupé de remédiations, rattrapages, réajustements, groupes de besoins, modules de soutien, c'est qu'il existe aussi dans les pratiques d'évaluation, une logique « formatrice » de promotion des possibles, d'aide au développement des potentiels : une relation humaine qu'on a tendance à confondre avec « la pédagogie », dans laquelle les sujets se construisent.

L'évaluation alors est une dimension essentielle de la dynamique de formation et d'éducation, *une lecture* de la situation de formation ou d'enseignement, *en continu* et, comme toute lecture, elle dépend *du modèle* dans lequel sont conçus les phénomènes. La régulation en est un exemple.

La régulation est un travail du formé sur lui-même, que la situation de formation peut favoriser. Elle est trop souvent vécue comme un temps d'arrêt pour corriger ce qui vient d'être fait. En revanche, on dit moins que la régulation permet d'apprendre.

Tout peut se ramener à quelques expressions qu'on entend fréquemment quand on est en formation. On fait faire et puis on fait refaire, c'est-à-dire qu'on attend du nouveau, ce neuf est dépendant de ce qu'on croit qu'il faudrait faire. En réalité, quand on fait refaire, ce qu'on demande, c'est de faire mieux. Il arrive alors que l'opérateur fasse autrement, qu'il change sa façon de faire (on dit « sa démarche »), il fait autrement la même chose. Mais le petit miracle de la régulation, *le saut qualitatif*, c'est qu'il arrive alors qu'il fasse autre chose [62].

Et quand on dit à quelqu'un de : « refaire », heureusement qu'il ne refait pas, parce que sinon, il rendrait la même chose. Le préfixe « re »

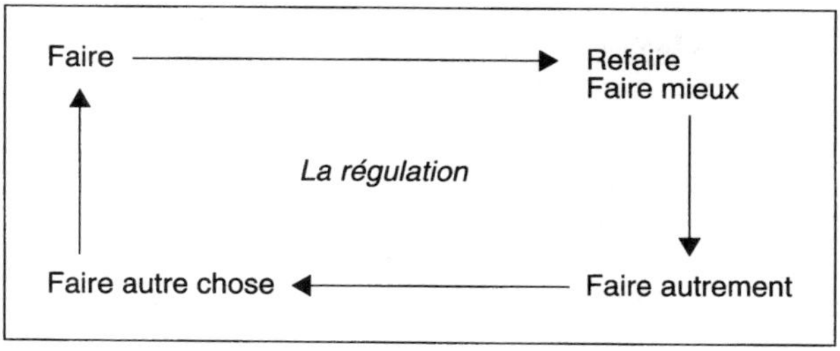

ne veut jamais dire à l'identique et le «re» [3] c'est la racine de régulation.

La spirale est une figure qui a été utilisée par Bruner pour parler de l'apprentissage [63]. La boucle se fait spirale comme saut qualitatif ou «émergence» [64]. A partir du système régulateur, entre assimilation/accommodation [65], la spirale est une figure proposée pour comprendre le phénomène d'apprentissage sous la forme d'une «régulation majorante» [66], c'est dire que la régulation peut être ce qui permet de passer d'un niveau de choses sues à un autre niveau dit de transfert, par le jeu entre interaction — rétroaction — en action. La régulation est alors *la mise en question des modèles à partir desquels peuvent s'effectuer l'ouverture du projet*, la modification des programmes, la gestion des situations faisant émerger de nouvelles significations qui alimentent le projet ou amènent à sa réorganisation.

Sans aller jusqu'à en faire un mécanisme, la régulation occasionne un «temps spiral» et peut permettre d'apprendre, elle n'est pas seulement un mieux-faire. Selon Morin, un circuit spiral se déplace à chaque fois qu'il revient sur lui-même [50].

☛ Demandez-vous comment vous entendez le mot «régulation». Comment pouvez-vous concevoir la régulation pour qu'à force de faire autrement, il vous devienne possible de faire autre chose ? Comment vivez-vous ce «miracle de la régulation», le saut qualitatif qui permet un jour de se dire qu'on a «franchi un cap», qu'on a changé ? Retrouvez des souvenirs de la «spirale de l'apprentissage» dans votre expérience, appuyez-vous sur cette idée que ce qui n'est pas confortable aujourd'hui le sera demain.

15

Instruire et éduquer les deux grands projets d'apprentissage

Il s'agit maintenant d'interroger les pratiques de formation aux fonctions de cadre. De vous y orienter en fonction de la dominante que le centre de formation vous propose : instruction ou éducation ?

L'APPRENTISSAGE COMME ASSIMILATION DES SAVOIRS DANS UN PROJET D'INSTRUCTION

Pour certains formateurs, mais aussi pour certains formés, le rapport entre apprentissage et acquisition est frappé du signe de l'évidence : un simple rapport de *juxtaposition.* On fait de l'apprentissage (c'est-à-dire, pour eux, on transmet des savoirs), puis on évalue, c'est-à-dire, croient-ils, on vérifie l'acquisition des savoirs donnés, transmis. Est ainsi sous-entendu que ces deux moments sont de natures différentes mais que l'évaluation se colle instantanément sur l'apprentissage installé : la linéarité, la chronologie du dispositif, d'enseignement ou de formation pensé comme une trajectoire vers une cible, nécessiterait, de passer par des temps d'apprentissage et des temps d'évaluation qui sont en fait des temps de contrôle [67].

Cette juxtaposition dans un temps linéaire dissimule des rapports de *subordination.* Le dispositif d'évaluation est alors assujetti au dispositif dit d'apprentissage lui-même réduit aux problèmes de transmission des savoirs. Évaluer est ici au service d'apprendre, c'est-à-dire de la vérification de l'intégration de savoirs programmés. Évaluer, c'est alors mettre en place des procédures pour tester l'acquisition des contenus. L'évaluation n'est ici qu'un ensemble de techniques pour faire la preuve que le savoir a été intégré. *Le projet d'instruction veut rendre savant. Le savoir y est forcément survalorisé, sacralisé.*

Dans une telle conception de la situation d'apprentissage, l'analyse des contenus de formation, l'analyse didactique, pilote tout le dispositif. Choisir les savoirs, choisir un ordre de présentation, assortir les savoirs d'exercices, de tâches, de produits, devient le principal souci. *Apprendre est confondu avec assimiler.*

Dans ce contexte, on ne se pose pas de question sur le sens de ce qu'on apprend, on apprend parce que c'est au programme; apprendre c'est alors savoir redire ou refaire.

Cependant, pour faire «passer des contenus», il est absolument indispensable de relier entre eux ces contenus [68], d'avoir fait un travail d'analyse didactique des contenus de formation, en vue de la préparation du cours [28]. Et il est admis que s'aventurer dans un projet d'instruction sans avoir fait ce travail sur l'organisation des notions à transmettre, c'est aller droit au dysfonctionnement.

Or, jusqu'à présent, on avait un seul mode d'analyse des contenus, celui préconisé par la pédagogie par objectifs (PPO) : la décomposition en objectifs [69]. Ce qu'on demandait à l'enseignant et au formateur d'adultes, c'était d'avoir analysé sa discipline, les gestes professionnels, en ayant déterminé les objectifs généraux, les intermédiaires et les opérationnels qu'il voulait faire atteindre. Donc il s'agissait de faire l'analyse de sa discipline en termes de «l'apprenant doit être capable de» selon la célèbre formule de la PPO [70]. Aujourd'hui on sait que ce n'est pas parce qu'une discipline a été rationalisée ainsi qu'elle est plus facile à comprendre et que les savoirs sont plus faciles à apprendre [71].

Faute d'une didactique professionnelle constituée, (mais ce serait peut-être aux cadres formés de la constituer par la communication de recherches scientifiques!), les formateurs empruntent les concepts qui sont nés dans la didactique des mathématiques pour les appliquer aux soins infirmiers par exemple ou ailleurs, tels quels, sans se poser la question de savoir ce que dans leur discipline, ce faisant, ils passent sous silence. Il serait plus intéressant que chaque champ disciplinaire invente son modèle d'analyse des savoirs disciplinaires ou professionnels bien qu'il soit aussi possible d'emprunter un concept d'une didactique voisine, *à condition de le redéfinir dans son propre champ* [72].

Le projet d'instruction relève aujourd'hui d'un bricolage théorique qui ne s'avoue pas comme tel, parce que la recherche didactique — et surtout dans les métiers de la santé — n'est pas assez avancée. On ne sait pas ce que l'on veut faire acquérir précisément. On ne sait pas exactement quel lien entretiennent les notions entre elles, on ne sait pas dans quel ordre présenter les notions, on ne sait pas s'il y a un ordre. On ne sait pas si l'ordre d'exposition des contenus est si important qu'on le dit pour l'apprentissage. On ne sait pas même si les savoirs sont le réel objet de l'apprentissage ! Il est donc nécessaire, en formation, de reconnaître les risques d'une focalisation sur le savoir.

Le travail didactique en formation consiste à essayer des modèles et des méthodes d'analyse des savoirs qui permettront de choisir des notions à faire acquérir, de privilégier un ordre pour les présenter, et de choisir jusqu'où aller dans l'extension de la notion. Le problème de l'opérationnalité des notions à faire acquérir (les notions pour en faire quoi ?) n'est pas souvent posé par la didactique qui se contente de la restitution à l'identique du savoir. Quand on s'occupe des contenus, on risque toujours de construire un métalangage (un langage sur un autre langage) déconnecté de la pratique, déconnecté de l'opératoire. Le risque est d'oublier de finaliser les savoirs sur de l'agir, d'oublier d'inscrire les savoirs dans un projet.

En revanche, l'intérêt de la didactique pourrait être de poser un problème fondamental : le formateur n'est plus associé à l'image du savant mais à celle « d'un faiseur », sa compétence est de faire faire. *La compétence première du formateur n'est pas d'être un expert de ce qu'il faut qu'il transmette mais de savoir faire faire*. Le savoir dont il a besoin ce n'est pas le savoir, c'est l'analyse du savoir : un professeur de français n'a pas besoin d'être un écrivain ; un professeur de mathématiques n'a pas besoin d'être un chercheur en mathématiques, un cadre n'est pas un expert du management, un infirmier n'est pas neurologue ou chirurgien.

Mais même si l'institution exige d'instruire, le formateur ne peut oublier que sa mission est aussi *d'aider à devenir*, d'enclencher un processus de changement ininterrompu, inachevé. Former, c'est d'abord faire advenir à la forme, rendre possible, actualiser ce qui était déjà là. Et former ne peut se réduire à donner, imprimer, imposer une forme. Le travail du formateur n'est pas une quête de procédés de transformation de l'autre, même cautionnés par des « théories scientifiques ».

Car il reste que « apprentissage », dans ce contexte d'inculcation de savoirs vrais, n'est employé, dans le champ de la formation d'adultes ou d'enfants, que comme un synonyme d'intégration des savoirs. La pédagogie de maîtrise puis celle de la réussite [73], alliées au désir de gestionnaire instrumentée par la PPO, aidées par la vogue didacticienne et l'ingénierie pédagogique, dissimulent alors encore trop souvent sous ce terme élégant d'apprentissage son entreprise de conformisation, sous le couvert de « transformations attendues ». Ce faisant, on occulte l'autre mission de la formation : la maturation, le développement des potentiels de la personne, l'adaptabilité, la socialisation, la promotion de la plasticité. L'apprentissage ainsi réduit à l'instruction relève de la fabrication de l'autre et tente de refouler l'Agir, au détriment de la praxis des acteurs [74].

☛ Sans doute, tout projet de formation professionnelle contient-il un projet d'instruction. L'institution qui forme souhaite transmettre des savoirs constitués et contrôler que ces savoirs sont assimilés. Apprendre, dans le cadre d'une formation professionnelle, c'est aussi accepter de jouer le jeu de l'institution qui nous instruit, mais en gardant la lucidité d'une pensée critique vis-à-vis des savoirs transmis et des visées de cette transmission. « Jouer le jeu » de l'instruction pour apprendre consiste à :

– circonscrire le domaine occupé par le programme des savoirs à assimiler ;

– identifier le plus vite possible les notions clés ;

– mémoriser, engranger les savoirs ;

– identifier les types d'exercices, de devoirs ;

– adopter les procédures les plus économiques, les plus rentables pour résoudre les problèmes posés ;

– acccepter de répondre en redisant les savoirs assimilés sans, dans un premier temps, se questionner sur le sens visé.

En fait, il s'agit de jouer « du métier d'élève » en toute lucidité, sans se laisser enfermer dans des stratégies que l'institution prévoit, tout en préservant la distance que donnent l'humour et le plaisir de jouer avec des objets de savoirs. Ne pas confondre le savoir et soi. Il s'agit d'accepter d'intéger les normes professionnelles pour vous donner le loisir de mettre à l'épreuve de la réflexion et de la pratique : cherchez une justification à ses normes pour l'exercice du métier.

►

En somme, apprendre c'est jouer le jeu institutionnlel de l'assimilation des savoirs qui sont transmis, mais en ne laissant pas l'instruction envahir l'essentiel de la formation.

Il s'agit avant tout de développer des stratégies de mise en situation de plaisir dans le projet d'instruction.

De plus, et ce peut être inclus dans ce plaisir, le projet d'instruire privilégie *l'autocontrôle*. Vous devez accepter d'intégrer les normes sur des produits, sur des procédures, sur des notions... Autrement dit, il faut que vous soyez capable vous-même de déterminer que vous êtes en train de faire le bon produit. Il est nécessaire que vous sachiez, le plus précisément possible, ce que vous savez, que vous sachiez là où vous êtes faible, là où vous êtes fort. Plus vous saurez vous autocontrôler, plus le formateur pourra vous laisser aller. Le formé idéal saura aller voir le formateur en lui disant : « Je n'ai pas compris tel point du programme, que puis-je travailler pour y arriver ? » Le critère premier du bon formé dans ce dispositif-là, c'est que le formé soit *demandeur d'apprentissage, étant entendu qu'apprentissage ici signifie acquisition.*

Enfin ne pas oublier que la qualité de la parole qui sera permise, sollicitée, attendue dans ce dispositif d'instruction est une langue binaire, d'acquis/non-acquis, de juste ou faux : c'est le discours du contrôleur. Si vous voulez user d'une autre parole, sachez-le.

L'APPRENTISSAGE COMME ACCÉLÉRATION DE LA MATURATION DANS UN PROJET DE DÉVELOPPEMENT PERSONNEL

Dans cet autre projet d'apprentissage, on ne soucie pas de l'instruction, on se soucie du développement des personnes.

L'objectif poursuivi à travers la réalisation de produits en formation, c'est l'évolution des processus du producteur. On va privilégier des activités où la personne se construit pendant qu'elle fabrique le produit. Le produit devient un de ses outils *signés*. Ce sont des produits où le formé sera auteur plus que producteur.

Dans ce projet d'apprentissage, le formateur va privilégier le « relationnel », l'animation, la mise en communication des acteurs. Le formateur a tendance à (faire) croire qu'il lui suffit d'aimer ses stagiaires. Le formateur relationnel insiste sur le climat du groupe, sur les attaches du groupe, pour que celui-ci se constitue comme groupe ou équipe de travail réfléchissant à son propre fonctionnement, prenant en charge son histoire. On évite les conflits pour aller vers des consensus temporaires, discutables. On négocie l'adhésion aux normes du groupe pour produire l'identité groupale.

La dérive possible, ici, c'est *le fusionnel*, l'osmose entre le formateur et le groupe qui ferait que rien ne se passe : on tue le temps à se dire « je t'aime, je t'aime, moi non plus » et pendant ce temps on n'acquiert rien de vrai, de solide. Au mieux, on apprend à poser des questions, et c'est aussi utile.

Le formateur ici n'est pas le guide, c'est un installateur de conditions pour que s'expriment le vécu, le ressenti, la parole. On y parle volontiers de « clinique », d'analyse des pratiques, du sujet divisé, de l'inconscient, d'aide et d'accompagnement [75].

Ce n'est plus l'organisation des savoirs qui permet au formateur de s'orienter, c'est ce qu'il sent avant d'enclencher ou non une procédure. L'enjeu n'est plus le savoir encyclopédique et, comme le savoir expérientiel n'est pas constitué en champ clos, il n'est pas prévisible. Enfin, le formateur va éviter de s'insérer, s'ingérer dans le processus d'autoformation, il pratique la stratégie du retrait, il se « contente » de reformuler.

La parole attendue consiste en une réflexivité (se regarder faire, ce qui tourne vite à « s'écouter ressentir »). Le formé est parqué dans le processus de conscientisation de ses blocages, de ses tendances, de sa vision du monde, du paradigme dans lequel il croit s'inscrire, des écarts, des décalages. Les formés risquent d'avoir le vertige : c'est le miroir et on sait bien que nombre de personnes ne supportent pas d'avoir, du balcon, à se regarder passer dans la rue. Mais c'est pourtant la condition de la visée d'autonomie pour la personne. La parole ici consiste à faire que les gens se parlent à eux-mêmes et parlent d'eux-mêmes. Toute personne posant une question doit se retrouver avec au moins deux questions, dont l'une ne peut être issue et entendue que de lui-même. Donc ce qui compte, c'est que les acteurs se regardent jouer, qu'ils puissent s'auto-évaluer. *Le questionnement doit se boucler sur le formé lui-même pour lui permettre de produire ses propres réponses. C'est l'auto-évaluation, cette dimension présente dans toute situation d'apprentissage qu'on le veuille ou non* [76]. L'auto-évaluation ne se crée pas de toutes pièces, c'est une dimension de l'humain qui s'apprend, qui se favorise ; on peut l'institutionnaliser, alors on est dans la logique d'instruction où l'auto-évaluation devient de l'autocontrôle. Dans le projet de maturation, on va essayer de ne pas la réglementer, on la met en scène pour qu'elle se développe. *L'auto-évaluation ici, en tant qu'autoquestionnement, accélère la maturation.* Dans ce projet de formation, le ressort de l'apprentissage, c'est bien la mise en question d'une pratique, travaillée en lien avec l'imaginaire [76, 77], On s'écoute… on cherche « l'empathie », cette chose un peu magique. L'écoute, c'est simplement l'idée que, pour entendre l'autre, il faut accepter son référentiel, il faut le comprendre sans jugement de valeurs. Cela s'apprend, et pourtant ce n'est pas une simple technique qui reposerait sur du savoir objectif. C'est un travail sur soi pour une « conscientisation critique » [79].

☛ Que faire si vous estimez être le sujet d'un apprentissage-maturation ?

– Ne pas chercher à identifier des savoirs objectifs, reproductibles : ce sont vos attitudes qui sont travaillées.

– Éviter la culpabilité, chacun fait comme il peut dans l'opacité des relations humaines, nul n'est parfait et surtout pas le formateur.

– Ce qui sert de repère est votre conception du sujet, de l'autre. Le statut donné à l'autre, le statut donné aux échanges est déterminant.

– Faire le lien entre un travail sur soi et le projet professionnel qui vous porte.

– Ne pas laisser ce projet d'apprentissage envahir toute la formation.

Ces deux projets d'apprentissage : l'instruction ou la maturation, *isolés*, ne sont pas viables — et surtout pas dans la formation professionnelle.

L'APPRENTISSAGE DANS UN PROJET DE PROFESSIONNALISATION

L'apprentissage vécu dépend du modèle dans lequel on se situe. De même, il dépend de *la vision du monde* qu'on privilégie [72, 77]. Le rationaliste aura tendance à privilégier l'acquisition et l'intégration des savoirs, alors que celui, qui évolue davantage dans l'énergétique, se situera plus volontiers dans la clinique des pratiques et dans un projet de maturation. Enfin, la manière que vous aurez de vous positionner dans l'Institution de formation et aussi dans l'institution qui vous emploie ou vous emploiera, va influencer le choix d'un de ces deux projets pour tenir votre fonction de formation. Si vous êtes plutôt un agent exécutant des ordres reçus, vous avez les plus grandes chances de préférer en rester à l'acquisition [67, 78]. Il est donc tout un ensemble de facteurs qui vont conduire soit à l'élimination pure et simple d'un des deux projets, soit à les mélanger mais avec des variations notamment selon les moments, selon à qui on parle, selon l'humeur... Le fait de dire qu'il y a deux projets toujours présents, plus ou moins confondus et mêlés — la plupart du temps dans un mouvement de balancier : l'un s'affichant, l'autre étant refoulé — ne nous dit rien de *comment* les gens *font* avec ces deux projets. Avoir identifié les deux projets ne nous dit pas comment les praticiens les combinent, comment ils jouent avec.

On ne peut éduquer quelqu'un sans l'instruire; il ne s'agit pas de rejeter le technique et le savoir spéculatif, mais *la professionnalisation vise la promotion de la personne dans un métier particulier.* Alors que l'instruction a tendance à ne considérer dans cette personne que son intellect, qu'on réduit d'ailleurs par commodité de vérification à la mémoire.

La maturation évacue les contenus pour privilégier le travail sur soi. Et c'est vrai que ce travail sur soi est nécessaire pour se professionnaliser. Pourquoi le taire ? Même si personne ne peut le faire à la place de l'autre, *un accompagnement* à la mise en route de cet inachevable travail est le propre de la formation.

Mais instruction et maturation ne se combineront pas dans un projet de professionnalisation si on évacue la question de l'appropriation et du transfert de ce qu'on apprend. « Ce que j'ai appris ici, comment l'organiser avec ce que j'ai appris là, par rapport au type de professionnel que je veux être ? » La recherche de ces liens donne de la hauteur de vue; on lève la tête du savoir disciplinaire « donné », on travaille la recombinaison des savoirs, on évalue les contenus qui circulent, on cherche le sens pour soi. *Le contenu, le savoir ne sont qu'un signe pris dans un code, chargé de quelques significations, ce n'est pas le sens* [72].

☛ Un moyen pour vous repérer dans ce tressage des deux projets dans la pratique est de vous interroger sur ce qu'est *le projet du centre de formation* : instruire les étudiants, les rendre savants pour leur donner un label, un quitus, sachant qu'après ils apprendront le reste sur le lieu de travail ? Que fait-on pour que les savoirs acquis puissent être transportés, réorganisés dans des situations nouvelles ? Impulse-t-on suffisamment l'exercice des *transferts,* de procédures au moins [80] ? Plus généralement, quelles hiérarchies met-on en place, dans le dispositif de formation, entre instruction, maturation et professionnalisation ? Le critère de distinction entre les deux projets est bien la réponse positive à : impulse-t-on chez vous la mise en place de transferts ?

En formation, l'acquisition des « gestes » professionnels se fait trop souvent au détriment des *actes* professionnels : on réifie, on rationalise, on réduit les démarches au traitement des difficultés techniques, aux protocoles ou aux « grilles de critères », comme si la technique devait contenir le sens. Quand on fait apprendre les algorithmes d'actions, ces gestes organisés dans un ordre fixe selon un protocole :

– soit on les présente comme ce qu'il faut faire, sans aucune discussion possible et on se cantonne à *un projet d'instruction* (on attend alors que ce savoir soit intégré et reproduit tel quel, comme des lois) ;

– soit on les fait apprendre en favorisant *une parole* de la personne, on travaille leur appropriation, on développe à la fois l'autocontrôle et l'autoquestionnement dans les mises en situation de transfert des procédures apprises, en laissant la possibilité de s'exprimer sur ce qu'on apprend, sur la différence que le sujet construit. Alors on ne se cantonne pas au mécanisme de l'acquisition, on est dans *un projet d'éducation professionnelle*, articulé aux nécessaires projets d'instruction et de maturation.

Il ne s'agit pas de se permettre de prendre des libertés, automatiquement, avec les gestes à acquérir, il est des cas où s'impose le respect de gestes normés. C'est un état légal : on ne peut pas ne pas faire ce qui est prescrit, ce sont bien des normes professionnelles qui doivent être suivies et respectées. Mais même dans ces cas-là, l'infirmier, par exemple, peut toujours se poser des questions et on peut le former à se questionner. Il peut très bien faire ce qu'il faut faire et ne pas être absolument assuré de faire ce qui pourrait être fait : c'est aussi ça, être formé... [81]

D'autant plus que respecter les éléments incontournables qui relèvent de la prescription, ne constitue pas la totalité de ce qui se passe dans la profession. *Aucune formation où le formateur est nécessaire ne se réduit à apprendre des normes.* Tous les métiers, où existe une dimension formation qui ne soit pas un simple formatage de série, comportent des actions «interdites» mais ce n'est jamais la majorité des actes professionnels, sinon on pourrait remplacer les hommes par des machines — et la formation par une autoformation informatisée.

L'acquisition des normes ne doit pas cacher la personne professionnelle. Les normes ne sont pas contradictoires avec le sens, les interdits aident à se construire une identité.

☛ Quelle place occupe dans votre formation l'apprentissage des gestes normés du métier ?

Mais ce n'est jamais simple, l'erreur de perspective est donnée quand les formateurs et par voie de conséquence, les formés, croient que l'acquisition de gestes rationnels est un apprentissage purement technique qui ne demanderait que de l'habileté et pas d'investissement, donc pas de doute ni d'interrogation de la part de l'étudiant qui entre dans le métier. L'apprentissage des normes n'est pas facile, se plier à la nécessité n'est jamais évident. Le message de la formation qui empêche l'accès au sens, c'est : «Quand tu sauras effectuer le geste, quand tu respecteras la norme, tu n'auras plus de problème.» Or, *c'est à la formation de donner les moyens de comprendre ce qui pose problème; la reproduction du terrain ou de gestes normés ne saurait y suffire.*

De toutes manières, la question qui intéresse celui qui apprend est bien : «Quel est le sens de ces savoirs ?» Remonter des savoirs aux modèles théoriques dont ils sont issus, prendre de la distance pour analyser les pratiques. Ainsi, éviter de croire que, dans la formation, on apprend des «théories» (alors que ce ne sont le plus souvent que des savoirs disciplinaires, spéculatifs, déconnectés de la profession qui en donnent une image mécanique) et que, sur le terrain (des stages d'abord), on apprend la réalité, la vérité, le métier, «la pratique». C'est un obstacle à la formation qui empêche tout travail d'appropriation des contenus.

☛ Où en êtes-vous de la place respective de l'expert et du professionnel ?

Vous l'aurez compris, ce questionnement pourrait trouver d'autres objets. Nous avons sélectionné ceux qui nous paraissent importants aujourd'hui en formation professionnelle pour pouvoir se donner un projet, pour pouvoir se positionner de façon telle que l'apprentissage devienne possible. Nous pensons en fin de route que les théories ne portent pas en elles-mêmes de réponses à la question de l'apprentissage que vous allez faire pendant cette formation, ni de l'apprentissage dont vous serez le garant ensuite dans le service envers le personnel. La culture en apprentissage permet de se poser des questions. Ce parcours a voulu vous faire comprendre que les modèles servent à la pratique, certes, mais surtout que *le professionnel est celui qui a des références culturelles*, ce n'est pas celui qui est le plus efficace, le plus technique ou le plus rationnel comme l'expert, c'est celui qui se donne un projet et peut se poser des questions sur sa pratique professionnelle.

Conclusion

Comprendre le processus d'apprentissage lorsqu'on est formateur ou en formation est bien mettre en jeu un questionnement pour construire une conception personnelle de l'apprentissage. Cette conception oriente le projet (du formateur, du cadre ou du cadre en formation) à la fois dans une visée d'instruction et dans une visée de maturation et de développement de l'autre. La première visée entend que le formé intègre des savoirs et acquière les contenus des œuvres d'une culture; la seconde entend qu'il développe une fonction critique susceptible de l'engager dans un travail de création des formes de son action et de la vie sociale. Dans ce dernier cas, l'apprentissage vise l'autonomisation.

On n'apprend pas sans comprendre et donc sans développer les instruments conceptuels de la pensée qui conduisent à la compréhension. Ainsi comprendre l'apprentissage consiste à expliquer selon quelle loi, quel mécanisme la connaissance vient à l'homme et/ou comment l'homme vient à la connaissance. Les théories qui modélisent le mécanisme du développement cognitif du sujet (partie II), les recherches de la psychologie cognitive, tout comme les travaux des sciences cognitives, proposent toujours des réponses partielles à ces questions. Mais ces théories n'épuisent ni ne rendent transparent le processus de la connaissance, non plus que celui de l'apprentissage. Car si apprendre est comprendre, c'est avant tout *se comprendre soi-même dans un projet qui se construit en construisant la personne professionnelle*.

Cet autoquestionnement n'est pas seulement de l'ordre de l'introspection, car se comprendre, c'est prendre avec soi et donc s'exposer à l'autre, à l'altération à travers les œuvres, les institutions, les pratiques socialement et historiquement données. Il faut bien les prendre pour apprendre, c'est-à-dire comprendre qu'à un moment ou à un autre, ces traces de la culture et de l'action de l'homme doivent reprendre existence pour soi et pour cela être assimilées. En ce sens, apprendre suppose que le temps soit pris pour rencontrer, intégrer le savoir (entendu comme une trace de culture). Cette rencontre avec la culture et l'encyclopédie suppose un travail qui relève de l'entraînement, de la répétition et toujours quelque peu du conditionnement. C'est bien lorsque je ne sais plus comment j'ai appris que je peux dire que j'ai appris. Je suis alors en mesure de comprendre, d'analyser, de modifier, voire d'inventer et de promouvoir de nouvelles actions, de nouvelles formes à partir de ce que j'ai assimilé.

La visée de l'apprentissage est bien l'autonomisation de la personne et l'engagement dans un *processus d'interprétation* inachevable. Comprendre l'apprentissage n'est pas alors seulement expliquer le fonctionnement cognitif du sujet mais comprendre la personne apprenant, insérée dans les pratiques sociales qui sont mises en œuvre pour qu'elle apprenne. Ces pratiques peuvent se lire avec des langues qu'il faut bien apprendre : la formation, la didactique, l'évaluation, l'épistémologie, la philosophie...

Même si le deuil de la maîtrise de l'autre a été par nous affiché, il reste, dans toute entreprise de repérage comme dans ce livre, un relent de la logique de contrôle, une fascination pour la schématisation et la spatialisation des idées au détriment de l'expérience des sujets. On l'aura peut-être senti, sans que nous le voulions puisqu'au contraire nous œuvrons pour une *pragmatique complexe* qui se réalise entre personnes : le formateur, le cadre, le formé tout au long de ce texte sont encore ceux qu'il faut outiller. Il nous reste à leur dire que *l'instrumentation n'est qu'un passage* pour affermir l'intuition et qu'en définitive, rien ni personne ne pourra faire que la formation puisse se réduire aux conseils même bien intentionnés qu'on peut donner... Et c'est tant mieux.

S'il n'y a pas d'apprentissage pour l'humain sans éducation, alors on conçoit l'éducation comme travail de problématisation à partir des œuvres, des formes produites par une culture et comme possibilité de critiquer ces formes, ces œuvres pour que d'autres formes inédites, d'autres œuvres puissent voir le jour.

L'apprentissage n'est pas simplement appréhendable comme processus spécifique aux vivants, il n'est pas réductible à l'activité de l'organisme, il est une spécificité de l'homme social produit et producteur d'une histoire, d'une culture et des pratiques sociales qu'il organise.

Bibliographie

Ouvrages cités dans le texte

[1] Popper K.R., *La connaissance objective.* Complexe, Bruxelles, 1991.

[2] Morin E., *Introduction à la pensée complexe.* ESF, Paris, 1991.

[3] Ardoino J., Berger G., « L'approche multiréférentielle (plurielle) des situations éducatives et formatives ». *Pratiques de formation-analyses,* n° 25-26, 1993.

[4] Piaget J., *La psychogenèse des connaissances et sa signification épistémologique.* Seuil, collection *Points*, Paris, 1979.

[5] Lemoigne J.-L., *Les épistémologies constructivistes.* PUF, collection *Que sais-je ?*, Paris, 1997.

[6] Morin E., *La méthode. 3. La connaissance de la connaissance.* Seuil, Paris, 1986.

[7] Vygotsky L.S., *Pensée et langage.* Paris, Messidor, 1985.

[8] Watson J.B., *Comment un behavioriste voit la psychologie.* 1913.

[9] Skinner B.F., *La révolution scientifique de l'enseignement.* Dessart, Bruxelles, 1969.

[10] Bloom B.S. *et al., Taxonomie des objectifs pédagogiques.* Éducation nouvelle, Montréal, 1969.

[11] Vial M., Bonniol J.-J., *Les modèles de l'évaluation, à l'usage des étudiants, des élèves-professeurs, des formateurs et des cadres.* De Boeck, Paris, 1997.

[12] Hoc J.M., *La psychologie cognitive de la planification, l'analyse de l'activité en situation.* PUG, Grenoble, 1987.

[13] Leplat S., « Analyse du travail et genèse des conduites : quelques perspectives théoriques en psychologie appliquée ». *International Review of Applied Psychology*, volume 25, n° 1, p. 3-14, 1976.

[14] Leplat S., Pailhous S., « Quelques remarques sur l'origine des erreurs ». *Bulletin de psychologie*, n° 27, p. 729-736, 1974.

[15] Inhelder B., Piaget J., *La psychologie de l'enfant.* PUF, collection *Que sais-je ?*, Paris, 1996.

[16] Perret-Clermont A.N., Nicolet M., *Interagir et connaître, enjeux et régulations sociales dans le développement cognitifs.* Delval, Paris, 1988.

[17] Paour J.L., « Quelques principes fondateurs de l'éducation cognitive » *Interactions didactiques*, n° 8, p. 45-62, 1988.

[18] Vial M., « L'auto-évaluation, entre autocontrôle et autoquestionnement ». *En question*, cahier n° 12, Aix-en-Provence, 1997.

[19] Vermerch P., « Une problématique théorique en psychologie du travail : essai d'application des théories de Piaget à l'analyse du fonctionnement de l'adulte ». *Le travail humain*, n° 41, tome 2, 1978.

[20] Brousseau J., « Problèmes de l'enseignement des décimaux », *Recherches en didactiques des mathématiques*, volume 1, n° 1, p. 11-59, 1980.

[21] Johsua S., Dupin J.-L., *Introduction à l'analyse des phénomènes didactiques*. PUF, Paris, 1993.

[22] Chevallard Y. *La transposition didactique, du savoir savant au savoir enseigné*. 2e édition, La pensée sauvage, Grenoble, 1990.

[23] Vial M., *Cinq idées toutes faites sur la didactique du français*. Voies livres, collection *Se former +*, Lyon, 1997.

[24] Imbert F., *Pour un praxis pédagogique*. Matrice édition, Vigneux, 1985.

[25] Dossé F., *Histoire du structuralisme*. La découverte, Paris, 1991.

[26] Lerbet G., *De la structure au système*. UMFREO, Maurecourt, 1986.

[27] Bonniol J.-J., « Évaluation-régulation et appropriation des compétences ». In *L'Évaluation formatrice; une aide méthodologique au développement des compétences*. Actes de l'université d'été 9-13 juillet 1993, Boucefranc, 1994.

[28] Tochon F.N., *Didactique du français de la planification à ses organisateurs cognitifs*. ESF, Paris, 1990.

[29] Fabre J., *Penser la formation*. PUF, Paris, 1994.

[30] Vial M., « Les lexies, confusions et idées toutes faites sur la didactique du français ». *En question*, cahier n° 4, Aix-en-Provence, 1996.

[31] Ardoino J., « L'approche mutiréférentielle (plurielle) des situations éducatives et formatives ». *Pratiques de formation*, avril 1993.

[32] Le Ny J.-F., *Le conditionnement et l'apprentissage*. PUF, Paris, 1980.

[33] Gagné R.M., « The acquisition of knowledge ». *Psychological review*, n° 69, p. 355-365, 1962.

[34] Vial M., *Écrire des dispositifs ? En question*, cahier n° 17, Aix-en-Provence, 1998.

[35] Hameline D., « Formuler les objectifs pédagogiques ». *Les Cahiers pédagogiques*, n° 148-149, p. 25/31, 1976.

[36] Galperine P., « Essai sur la formation par étape des actions et des concepts ». In *Recherches psychologiques en URSS*. Édition du Progrès, Moscou, p. 114-132, 1966.

[37] Vermerch P., « Analyse de la tâche et fonctionnement cognitif dans la programmation de l'enseignement ». *Bulletin de Psychologie*, n° 343, p. 179-187, 1979.

[38] Flament, « Pratiques et représentations sociales ». In S.C. Beauvois, R.V. Joulé, M. Monteil, *Perspectives cognitives et conduite sociale*. Delval, Cousset, 1987.

[39] Joulé R.V., *Petit traité de manipulation à l'usage des honnêtes gens*. PUG, collection *Vie sociale*, Grenoble, 1987.

[40] Nuttin, *La théorie de la motivation humaine*. PUF, Paris, 1980.

[41] Rosenthal R.A., Jacobson L., *Pygmalion à l'école*. Casterman, Paris, 1971.

[42] Cardinet S., *L'évaluation interne, externe ou négociée ?* IRDP, Neuchâtel, 1987.

[43] Vial M., *Classer les tâches : un complexe entre didactique et évaluation. En question*, cahier n° 6, Aix-en-Provence, 1996.

[44] Mendelsohn, «La notion de transfert d'apprentissage en psychologie cognitive». *Cahiers pédagogiques*, n° 281, p. 23-25, 1990.

[45] Piéron, *Vocabulaire de la psychologie*. PUF, Paris, 1973.

[46] Bonniol J.J., «Le formateur est un passeur». *En question*, cahier n° 1, Aix-en-Provence, 1996.

[47] Donnadieu B., «La formation par alternance, coopération herméneutique». *En question*, n° 2, département des sciences de l'éducation, Aix-en-Provence, 1998.

[48] Malglaive G., «Les rapports entre savoirs et pratiques dans le développement des capacités d'apprentissage des adultes». *Éducation permanente*, n° 92, p. 51-53, mars 1988.

[49] Lerbet G., *Bio-cognition, formation et alternance*. L'Harmattan, Paris, 1995.

[50] Morin E., *La méthode*. Seuil, Paris, 1976-1991, 4 tomes.

[51] Ardoino J. «Les postures (ou impostures) respectives du chercheur, de l'expert et du consultant». *Les nouvelles formes de la recherche en éducation*, colloque international francophone d'Alençon, Andsha Matrice, Paris, 1990, p. 22-34.

[52] Donnadieu, B., «Le projet dans la formation professionnelle : de la personne au personnage. *En question*, cahier n° 7, Aix-en-Provence, 1996.

[53] Boutinet J.-P., *Anthropologie du projet. Essai sur la signification du temps opératoire*. Thèse pour le doctorat d'État ès Lettres et Sciences humaines, université de Paris-V, Paris, p. 647-648, 1987.

[54] Boutinet J.-P., *Psychologie des conduites à projets*. PUF, collection *Que sais-je ?*, Paris, 1993.

[55] Ardoino J. «Finalement, il n'est jamais de pédagogie sans projet». *Éducation permanente,* n° 87, (2), p. 153-158, 1986.

[56] Bonniol J.J., «Évaluation-régulation et appropriation des compétences». In *L'Évaluation formatrice; une aide méthodologique au développement des compétences*. Actes de l'université d'été 9-13 juillet 93, Boucefranc, 1994.

[57] Vial M., *Le travail en projets*. Voies livres, *Se former +*, Lyon, 1995.

[58] Husserl E., *Idées directrices de la phénoménologie*. Gallimard, Paris, 1993.

[59] Crozier M., Friedberg E., *L'acteur et le système*. Seuil, Paris, 1977.

[60] Donnadieu B., *La régulation du projet professionnel dans la formation en alternance des cadres*. Thèse en sciences de l'éducation, université de Provence, 1997.

[61] Cardinet J., *Pour apprécier le travail des élèves*. IRDP, Neuchâtel, 1984.

[62] Vial M., «Conceptions de la régulation et apprentissage». *En question*, cahier n° 9, Aix-en-Provence, 1997.

[63] Bruner J., *Savoir faire, savoir dire*. PUF, Paris, 1983.

[64] Varéla F.J., *Autonomie et connaissance, essai sur le vivant*. Seuil, Paris, 1989.

[65] Piaget J., *L'équilibration des structures cognitives, problème central du développement*. PUF, Paris, 1975.

[66] Genthon M., *Apprentissage-évaluation-recherche : genèse des interactions complexes comme ouvertures régulatrices*. Synthèse en vue de l'habilitation à diriger des recherches, département sciences de l'éducation, université de Provence, Aix-Marseille I, 1993. *En question*, Mémoires 1, 1996.

[67] Vial M., « L'auto-évaluation, entre autocontrôle et autoquestionnement ». *En question*, titres 1, 1997.

[68] Astolfi J.-P., Develay M., *La didactique des sciences*. PUF, collection *Que sais-je ?*, n° 2448, Paris, 1989.

[69] De Landsheere G. et V., *Définir les objectifs de l'éducation*. PUF, Paris, 1982.

[70] Mager R.-F., *Comment définir les objectifs pédagogiques*. Gauthier-Villard, Paris, 1972.

[71] Cardinet J., « L'objectivité de l'évaluation ». *Formation & technologies*, n° 0, p. 17-25, 1992.

[72] Vial M., *Modèles - références - méthodes, l'articulation des contraires en évaluation et en didactique du français*. Synthèse pour l'habilitation à diriger des recherches, université de Provence, département sciences de l'éducation, 1997.

[73] Cardinet J., *Compétences, capacités, indicateurs : quel statut scientifique ?* IRDP, Neuchâtel, p. 155-163, 1982.

[74] Imbert F., « Action et fabrication dans le champ éducatif ». In *Les nouvelles formes de recherches en éducation,* colloque international francophone d'Alençon, Matrice Andsha, Paris, p. 105-111, 1990.

[75] Rogers C., *La relation d'aide et la psychothérapie*. 2 tomes. ESF, Paris, 1977.

[76] Vial M., « Nature et fonctions de l'auto-évaluation dans un dispositif de formation ». *Revue française de pédagogie*, n° 112, p. 69-76, 1995.

[77] Ardoino J., « Les jeux de l'imaginaire et le travail de l'éducation ». *Pratiques de formation-analyses*, n° 8/9, 1985b.

[78] Vial M., *Instrumenter l'auto-évaluation, contribution à la pensée complexe des faits d'éducation*. Thèse en sciences de l'éducation, université de Provence, Aix-Marseille I, 1991.

[79] Ardoino J., « Des allant-de-soi pédagogiques à la conscientisation critique, Préface à Imbert ». In *La praxis pédagogique*, Matrice Éditions, Vigneux, 1985.

[80] Genthon M., *Évaluation formative et formation des élèves, effets de transfert des processus mis en œuvre*. Thèse en sciences de l'éducation, université de Provence, Aix-en-Provence I, 1983. *En question*, Mémoire n° 1, 1996

[81] Vial M., *Le travail en projets*. Voies livres, collection *Se former* +, Lyon, 1995.

[82] Ardoino J., Berger G., *D'une évaluation en miettes à une évaluation en actes, le cas des universités*. RIRELF, Paris, 1989.

[83] – Ardoino J., « Polysémie de l'implication », *Pour*, n° 88, 1983, p. 19-22.

– Loureau R., *Le journal de recherche, matériau pour une théorie de l'implication*. Méridiens Klincksieck, Paris, 1988.

– Versini-Lankester N., « Implication et investissement, le jeu de l'être et de l'avoir ». *Pour*, 1988, p. 61-65.

[84] Imbert F., *Pour une praxis pédagogique*. Matrice, Vigneux, 1985.

[85] Bonniol J.-J., « Recherche et formation pour une problématique de l'évaluation formative. In De Ketele, *L'évaluation, approche descriptive ou prescriptive*. De Boeck, Bruxelles, p. 119-133, 1986.

Ouvrages généraux

Ardoino J., *Propos actuels sur l'Éducation*. Bordas, Paris, 1978.

Baddeley A., *La mémoire humaine, théorie et pratique*. PUG, Grenoble.

Bachelard G., *Essai sur la connaissance approchée*. Librairie Philosophique J. Vrin, Paris, 1981.

Bachelard G., *La formation de l'esprit scientifique*. Vrin, Paris, 1989.

Bandura A., *L'apprentissage social*. Mardaga, Liège, 1986.

Berbaum J., *Développer la capacité d'apprendre*. ESF, Paris, 1991.

Bastien C., *Schèmes et stratégies dans l'activité cognitive de l'enfant*.

PUF, Paris, 1987.

Bastien C. (sous la direction de J.F. Le Ny), *Intelligence naturelle et intelligence artificielle* : PUF, Paris, 1993.

Carugati F., Mugny G., « La théorie du conflit sociocognitif ». In *Psychologie sociale du développement cognitif*. Peter Lang, Berne, 1985.

Chi M.T.H., Feltovitch F.J., Glaser R., Categorization and Representation of Physics Problems by Experts and Novices. *Cognitives Science*, 5, p. 121-152, 1981.

Chartier D., Lautrey J., « Peut-on apprendre à connaître son propre fonctionnement cognitif ? » *L'orientation scolaire et professionnelle*, n° 1, 21, 1992.

Chartier D., Lerbet G., *La formation par production de savoirs*. L'Harmattan, Paris, 1992.

De Ketele J.M., *Guide du Formateur*. De Boeck, Bruxelles.

Delacour J., « Étude sur le behaviorisme ». In *Biologie de la conscience*. PUF, collection *Que sais-je ?* n° 2811, Paris, 1996.

De Landsheere V. G., *Les objectifs de l'éducation*. PUF, Paris, 1986.

De Landsheere V. G., *L'éducation et la formation*. PUF, Paris, 1992.

Droze R., Rahmy M. *Lire Piaget*. Mardaga, Liège, 1978.

Galperine G., « Formation par étapes des actions et des concepts ». In Talyzina, *De l'enseignement programmé à la programmation des connaissances*. Perspectives soviétique, Presses universitaires de Lille, Lille, p. 167-183, 1980.

Leplat J., Enard C., Weill-Fassina A., *La formation par l'apprentissage*. PUF, Paris, 1970.

Lerbet G., *L'École du dedans*. Hachette Éducation, Paris, 1992.

Lerbet G., *Système personne et pédagogie*. ESF, Paris, 1993.

Lerbet G., *Approche systémique et production de savoir.* L'Harmattan, Paris, 1993.

Lerbet G., *Les nouvelles sciences de l'éducation.* Nathan, Paris, 1995.

Lesne M., *Lire les pratiques de formation d'adultes.* Edilig, 1984.

Lieury, A., *La mémoire ? Résultats et théories.* Mardaga, Liège, 1992.

Malglaive G., *Enseigner à des adultes.* PUF, Paris, 1990.

Mialaret G., *La pédagogie expérimentale.* PUF, collection *Que sais-je?*, n° 2155, Paris, 1984.

Monteil J.M., *Éduquer et former. Perspectives psychosociales.* PUG, Grenoble, 1988.

Montmollin (de) M., *L'enseignement programmé.* PUF, collection *Que sais-je?*, n° 1171, Paris, 1975.

Morin E., *La Méthode. 1. La Nature de la Nature.* Seuil, Paris, 1976.

Morin E., *La Méthode. 2. La Vie de la Vie.* Seuil, Paris, 1980.

Morin E., *La Méthode. 3. La Connaissance de la connaissance.* Seuil, Paris, 1986.

Morin E., *La Méthode. 4. Les Idées. Leur habitat, leur vie, leurs mœurs, leur organisation.* Seuil, Paris, 1991.

Norman L., *Traitement de l'information et comportement humain.* Études vivantes, Montréal, 1980.

Not L., «Cybernétique et algorithme». In *Les pédagogies de la connaissance.* Privat, Toulouse, 1988.

Oleron G., «Le transfert». In P. Fraisse et J. Piaget. *Traité de psychologie expérimentale.* Tome IV, p. 115-177, 1964.

Perret-Clermont A.N., Nicolet M., *Enjeux et régulations sociales dans le développement cognitif.* Delval, Cousset, 1988.

Pocztar J., *La définition des objectifs pédagogiques.* ESF, Paris, 1979.

Reboul O., *Qu'est-ce qu'apprendre ?* PUF, Paris, 1988.

Richelle M., *B.F. Skinner ou le péril behavioriste.* Mardaga, Bruxelles, 1978.

Schlanger J., *L'invention intellectuelle.* Fayard, Paris, 1983.

Schneuwly B., Bronckart J.P., *Vygostky aujourd'hui.* Delachaux et Niestlé, Neuchâtel, 1985.

Tardif J., *Pour un enseignement stratégique. L'apport de la psychologie cognitive.* Logiques-Écoles, Montréal, 1992.

Tiberghien *et al.*, *Apprendre quoi, quand, comment et pourquoi.* Actes des deuxièmes journées françaises de l'apprentissage, Chamrousse 12-13 mai 1987.

Varela F., *Connaître les sciences cognitives. Tendances et perspectives.* Seuil, Paris, 1989.

Vergnaud G., *Apprentissages et didactiques : où en est-on ?* Hachette, Paris, 1994.

Weill-Barais A., *L'homme cognitif.* PUF, Paris, 1993.

Winnykamen F., *Apprendre en imitant ?* PUF, Paris, 1990.

Lexique

Avertissement : un lexique n'est pas un dictionnaire. Il ne s'agit donc pas de définir les termes utilisés dans leur rapport à la langue en général, mais de mettre leur signification en correspondance avec ce texte qui aborde les problématiques d'apprentissage et plus généralement avec les concepts qui opèrent dans le champ des sciences de l'éducation.

Le signe (*) dans le texte renvoie à ces définitions.

Algorithme : l'algorithme d'une tâche, dans le cas de la résolution de problèmes, par exemple, est constitué par l'exposé de la totalité des actions et des opérations effectués dans l'ordre requis par une logique déductive du type A implique B, afin de parvenir logiquement à une solution ou à un résultat conforme à l'attendu.

Altération : processus naturel par lequel un sujet se transforme, devient quelque peu autre, par l'influence de l'autre, sans toutefois perdre son identité [82].

Cognition : processus par lequel un sujet acquiert, élabore construit des connaissances tout au long de son développement. L'étude de la cognition humaine, des lois et des mécanismes autant biologique, psychologique, sociologique que logique est l'objet de la psychologie cognitive et celui plus récent des sciences cognitives. La psychologie cognitive est une branche de la psychologie qui se propose de comprendre le sujet connaissant à partir d'une démarche expérimentale qui étudie les variables psychologiques, sociales, environnementales qui influent sur les modes de raisonnement, sur l'activité intellectuelle du sujet. La psychologie cognitive est à l'origine du développement des sciences cognitives dont elle fait partie et qui se donnent le même objet de recherche à partir d'entrées multiples : la biologie, les neurosciences, les apports de l'intelligence artificielle, les sciences de l'information, voire même la linguistique.

Concept : terme de la langue ordinaire qui se distingue d'une simple notion, dans son acception de sens commun, par le fait que sa signification est sémantiquement liée au modèle, à la théorie, voire au champ disciplinaire dans lequel il est employé et mis en lien avec d'autres concepts du même univers théorique. Par exemple le concept de « groupe » en mathématiques n'a pas le même sens que celui de « groupe » en sociologie. De ce fait, un concept ne trouve pas sa définition dans le dictionnaire, il est situé par rapport à d'autres concepts. De plus des précautions sémantiques, méthodologiques et théoriques sont nécessaires lorsqu'on emprunte un concept dans une théorie pour alimenter une théorie dans un autre champ disciplinaire ; cette vigilance constitue un des critères de la rigueur scientifique.

Critères : ce sont les outils de l'évaluation. C'est à partir, avec et en référence à des critères qu'une action, une production, une méthode, un projet peut être évalué, c'est-à-dire soit vérifié, soit interprété. Il n'y a donc pas d'évaluation possible, c'est-à-dire d'intelligibilité d'un certain rapport avec la valeur (avec ce qui vaut pour le sujet, pour la société, pour l'institution) en dehors de la référence, de l'élaboration, de la mise en questions, de la mise en relation de critères tenus par des acteurs différents. C'est ce que nous faisons de et avec les critères qui détermine le modèle d'évaluation choisi : ils peuvent être constitués comme norme, comme étalon ou comme échelon dans une échelle de mesure dans les pratiques sociales relevant d'une logique de contrôle, mais ils peuvent aussi se traduire en indices ou indicateurs, en signes plus opératoires ou inversement être questionnés, problématisés quant à leur pertinence à des visées plus larges (éthiques, philosophiques, politiques) dont ils sont les représentants [11].

Dialectique : ici, il s'agit de concevoir l'apprentissage à partir de processus qui opèrent conjointement et peuvent présenter des dimensions différentes, contradictoires, en opposition, en conflit de sens, comme le sont « expliquer et comprendre ».

Dialogie : l'un des principes, avec celui de récursivité*, qui permet de s'exercer à une pensée complexe [50]. Le dialogisme consiste à associer deux éléments en une seule pensée, de façon inséparable, complémentaire, tout en les concevant aussi comme concurrents et antagonistes. C'est donc un principe qui permet non pas l'associant des contraires dans un tout où ils se confondraient mais qui permet l'articulation des contraires, par exemple, les notions d'ordre et de désordre sont dans un rapport dialogique : on ne peut penser l'un sans penser l'autre. La dialogie se distingue de la dialectique classique par le fait que les contradictions ne sont pas réduites et absorbées par une synthèse de niveau supérieur. Dire et accepter dans sa pratique de formateur que l'éducation vise à la fois l'adaptation et l'activité créatrice relève d'une pensée dialogique.

Dispositifs : structure d'une séance de formation. Agencement et organisation dans l'espace et dans le temps des moyens, des méthodes, des techniques, des contenus d'enseignement et (ou) de formation qui vont permettre, favoriser l'apprentissage. Les dispositifs sont élaboré au nom, à partir des conceptions de l'apprentissage en référence à des théories mais aussi à partir et au nom d'une vision du monde*, de principes éthiques, philosophiques et politiques. Les modes d'action pédagogiques, les cadres théoriques, les programmes font partie des dispositifs aussi bien que le cadre matériel, les techniques et les procédures.

Formater : en référence au traitement de texte en informatique, désigne ici l'action de transformer, un produit, un savoir ou même l'activité du sujet pour les faire tenir dans des formats, des formalisations, des cadres pré-établis de façon normée et qui servent en quelque façon de moule pour les valider.

Implication : ce par quoi nous tenons à l'existence, aux événements, à notre propre vécu... D'une part nous sommes, tous, libidinalement impliqués par nos structures psychiques elles-mêmes, combinaisons d'innés et d'acquis (phantasmes, désirs inconscients, résistances...) ; d'autre part, nous sommes socialement impliqués par nos appartenances, nos classes d'origine, nos statuts, etc. Nos implications interfèrent donc avec un objet de connaissance, dans une perspective d'étude de recherche... (et de compréhension) [83].

Méthodologie de la recherche : cette méthodologie ne peut se réduire ni se comprendre comme la reproduction stéréotypée d'une méthode (expérimentale, clinique ou ethnologique), ni comme le choix (même argumenté) de techniques (tel type de calculs statistiques) ou d'outils (questionnaires, entretiens...) utilisés par le chercheur pour recueillir et traiter les données du terrain. La méthodologie est « un discours sur la ou des méthodes ». Il s'agit pour le chercheur de justifier ou plus simplement de rendre intelligible en quoi l'attitude, la méthode, les techniques et les outils employés sont nécessaires et pertinents à l'hypothèse ou à la question de recherche, au type et au niveau des résultats attendus et au terrain dans lequel l'objet de recherche est mis à l'épreuve [5].

Opérationnaliser : action qui consiste à traduire une conception, un modèle, une visée en termes d'action dans une pratique. Opérationnaliser une conception de la formation, c'est donner les principes à partir desquels on pourra construire des dispositifs ou décrire le dispositif avec lequel ces principes entraîneront des situations pertinentes à cette conception.

Pertinence : une méthode, une procédure, un dispositif, un programme, etc. est dit pertinent à autre chose, lorsque sa mise en œuvre sert les intentions, les finalités, les valeurs qui président à son élaboration et à son fonctionnement. La pertinence est la construction d'un lien (pas forcément direct) qui « met en perspective » une chose avec une autre. Ce peut être ce qui articule des significations entre le faire et les intentions. En ce sens, on peut dire qu'un programme compris comme une planification de l'action est ou n'est pas pertinent au projet entendu comme intention, option politique ou philosophique en quête de réalisation. Il convient donc de distinguer pertinence et cohérence ; cette dernière assurant la cohésion des éléments d'un programme pour garantir son fonctionnement sans que celui-ci serve nécessairement des valeurs, des finalités, des intentions explicites.

Pluriréférentialité : manière d'aborder, de construire et de questionner un objet de connaissance, de recherche, ou professionnel à partir de points de vue (qui peuvent être disciplinaires mais plus généralement liés à une vision du monde), d'optiques, de modèles, de perspectives hétérogènes, irréductibles les uns aux autres mais complémentaires, tout en laissant une certaine part d'opacité, de questionnement potentiel dans l'éclairage de cet objet. Voir la notion voisine de multiréférentialité dans l'ouvrage de Berger et Ardoino [82].

Phénoménologie : courant de la philosophie qui propose de comprendre l'homme dans le monde comme un être exclusivement définissable par son intentionnalité qui construit son *devenir homme*. En cela elle s'oppose à l'essentialisme qui admet une nature humaine atemporelle et universelle comme déterminant la nature et la place de l'homme dans le monde. Pose le primat de l'existence sur l'essence. Voir l'œuvre de Husserl, la structure de la philosophie existentielle de J.-P. Sartre et la réflexion ontologique de M. Heiddegger par exemple.

Posture : à la différence de *la pose* que le modèle du peintre, par exemple, peut tenir et reprendre pratiquement à l'identique, la posture ne renvoie pas à une figure précise qu'on pourrait dessiner hors le temps. La posture n'est pas une position choisie et qu'on voudrait conserver, c'est bien davantage une façon d'être, *une attitude* c'est-à-dire une façon d'aborder la chose, dans tel ou tel *état d'esprit* et qui va donner lieu à une série de variantes, de figures possibles, de variations dans les aléas de la temporalité. La posture remplace la notion d'état dans l'essentialisme, de fonction dans le fonctionnalisme. *La pose* renvoie à une mécanique de la duplication, *la position* renvoie à un choix cru irrémédiable, dans la résolution de problèmes et la computation. *La posture* renvoie au projet [72].

Praxis : c'est l'action de l'homme en tant qu'activité créatrice. La praxis est en lien avec l'activité de fabrication de l'œuvre et donc ne se réduit pas à son activité de fabrication de produits d'usage. Elle situe l'homme comme auteur, comme étant à l'origine de ses actes, de son projet. En ce sens, elle se distingue des pratiques professionnelles qui rendent compte de la façon dont les acteurs mettent en œuvre des activités plus ou moins répétitives dans le cadre du métier [84].

Processus : concerne la genèse, l'activation, le déroulement et l'évolution d'un phénomène dans la durée. L'apprentissage conçu comme un processus relève d'une activité propre au sujet qui apprend et de ce fait n'est pas directement et totalement accessible à un observateur. Le processus d'apprentissage englobe l'ensemble des investissements conscients ou non du sujet sur les plans cognitif, affectif, émotionnel, social, historique, culturel. La recherche va s'interroger sur les liens entre le résultat de l'apprentissage (ce qui est appris, l'acquis) et le processus (le fait d'apprendre) et sur l'interdépendance de celui-ci avec les procédures (méthodes, dispositif, façon de faire pour apprendre) [85].

Psychologie cognitive (voir Cognition).

Récursivité : la récursivité est une organisation d'éléments selon un processus autoproducteur où ce qui sert la cause sert en même temps la production : ce qui génère est généré, en simultanéité. Les effets produits par un processus ne peuvent se distinguer de ses causes. Edgar Morin fait de la récursivité un des trois principes directeurs de la pensée complexe (voir Dialogie*) [11].

Régulation : processus par lequel un individu, une structure, une organisation modifie son comportement, ses attitudes par rapport à une règle qu'il/elle se donne, se construit ou qui lui est dictée de l'extérieur (loi, systèmes de valeurs, vision du monde*). La régulation peut tendre à maintenir l'équilibre du fonctionnement par rapport à une norme, à un projet en repérant les erreurs, les déviations, en palliant ces dysfonctionnements et en valorisant les réussites et tout ce qui va dans le sens du projet initial (c'est la régularisation). Mais la régulation peut aussi infléchir le sens même de la règle antérieurement fixée ou le projet, être une mise en questions de cette norme, de ces règles, une divergence.

Référent professionnel : c'est l'ensemble des références auxquelles se rapporte le professionnel dans l'exercice de son métier pour que deviennent plus intelligibles, pour lui et pour l'autre, son action et ses pratiques. Il est constitué des savoirs spécifiques à sa profession, des théories, des modèles explicatifs mais aussi des éléments de son expérience personnelle et de sa culture. En ce sens, il n'est pas l'équivalent du référentiel professionnel, entendu comme systèmes de règles à suivre, listes de compétences, de savoir-faire, requis socialement et institutionnellement validés qui confèrent le statut de professionnel dans le cadre d'un métier.

Situation d'apprentissage : c'est un ensemble d'événements vécus dans une certaine durée et dans un lieu par une personne généralement en interaction avec d'autres qui s'y trouvent aussi impliquées. Cette implication d'acteurs différents, leurs interactions, leurs projets spécifiques font que toute situation est vécue différemment par les acteurs, l'observateur, l'organisateur, et se trouve nécessairement traversée par des conflits, des échanges, des compromis, des intentions implicites qui font évoluer cette situation. De ce fait, une situation se prête difficilement à la description ou à l'explication ou au pur contrôle, elle peut faire l'objet d'interprétations. Quand il s'agit du processus d'apprentissage, l'interprétation d'une situation peut donner quelques indications sur le devenir de ce processus qui n'est pas circonscrit au lieu et à la durée de la situation.

Sciences cognitives (voir Cognition).

Théories : en sciences humaines, elles peuvent être considérées comme des discours produits par la recherche dans un champ disciplinaire à propos d'un processus, d'un phénomène ou d'une catégorie de phénomènes. A travers diverses formalisations, ces discours relativement clos, se proposent d'en expliquer la genèse, l'évolution, le devenir, la structure, le fonctionnement, l'organisation. La principale caractéristique des théories est qu'elles sont, (selon l'expression d'E. Morin) «*biodégradables*» et en cela distinctes des dogmes. Les théories de l'apprentissage recouvrent et recoupent nécessairement la pluralité des champs disciplinaires, elles empruntent tant à la sociologie, qu'à la psychologie ou qu'aux neurosciences par exemple. Une théorie de l'apprentissage en sciences de l'éducation contribue à élucider les influences, les articulations entre ce processus et des processus aussi hétérogènes que ceux du développement, de l'évaluation, de la formation, de l'enseignement, de la didactique...

Vision du monde : terme issu de la philosophie allemande (*Weltanschauung*), désigne la compréhension que le sujet construit de ses environnements, de son milieu, de ses rapports aux autres et à l'autre, de sa place dans le monde. La vision du monde structure les attitudes et les comportements... Cette vision trouve son origine dans l'expérience singulière prenant aussi en considération des déterminismes inconscients. Elle est tout autant enracinée dans l'expérience collective, dans une culture, elle se donne à voir alors sous la forme de paradigmes [2] qui présentent de façon organisée un système de valeurs et de représentations historiquement et sociologiquement construites dans l'imaginaire collectif. De ce point de vue, la vision du monde inspire ou détermine les théories comme les modèles élaborés à partir du vécu autant qu'elle construit des attitudes et des façons d'être au monde.

583509 - (VI) - (0,7) - OSB - 100° - SNE

ELSEVIER MASSON S.A.S.
62, rue Camille-Desmoulins
92442 Issy-les-Moulineaux Cedex
Dépôt légal : février 2007

Achevé d'imprimer sur les presses de
SNEL Grafics sa
Z.I. des Hauts-Sarts – Zone 3
Rue Fond des Fourches 21 – B-4041 Vottem (Herstal)
Tél +32 (0)4 344 65 60 – Fax +32 (0)4 286 99 61
janvier 2007 – 41020

Imprimé en Belgique